CCTB 中国文化和旅游皮书

中国非物质文化遗产传播
蓝皮书
2024

中国非物质文化遗产保护协会　编著

中国旅游出版社

《中国非物质文化遗产传播蓝皮书2024》
编委会

写在前面的话

"假舆马者，非利足也，而致千里；假舟楫者，非能水也，而绝江河。君子生非异也，善假于物也"。在全员媒体、全效传播的数字时代，需要以"善假于物"的思维，向全媒体传播借力，促进非物质文化遗产代代守护、薪火相传。

非物质文化遗产承载着中华民族的基因和血脉，是中华文明的智慧结晶和精华所在。党的十八大以来，习近平总书记站在中华民族永续发展、中华文明永续传承的战略高度，深入思考文化传承发展的重大命题，对非物质文化遗产作出一系列重要论述和重要指示批示，引领非遗保护传承工作取得历史性成就、发生历史性变革。植根于非遗保护传承实践的非遗传播，对于赓续中华文脉、讲好中国故事，提高国家文化软实力和中华文化影响力发挥了积极而重要的作用。基于为非遗保护与传播工作贡献力量的考虑，中国非物质文化遗产保护协会组织编撰了《中国非物质文化遗产传播蓝皮书2024》。

非遗传播蓝皮书的编撰是一项系统性的工作，需要多方力量共同参与。协会本着科学、求实、严谨的态度，委托第三方科研机构中国文化传媒集团研究院，协调抖音、快手、淘天、京东等互联网平台，基于网络大数据，以客观统计的方式，对非遗传播实践探索及其经验成果进行系统梳理和总结，形成研究成果，完成本书的编撰。囿于技术条件、数据抓取、研究经验等各方面的局限，本书难免存在疏漏之处，敬请各界学者、从业人员和广大读者朋友多提宝贵意见。

未来，期待有更多人关注并参与非遗保护传承工作，进一步做好非遗传播，不断宣传非遗保护传承成果，广泛凝聚社会共识，合力推进中华优秀传统文化创造性转化、创新性发展，更好地服务社会经济发展和人民美好生活需要，为建设文化强国、建设中华民族现代文明贡献力量。

中国非物质文化遗产保护协会会长　王晓峰

目录
CONTENTS

平 台 篇

建 议 篇

案　例　篇

总　论

　　为更好地从传播角度反映我国非遗保护传承情况，助力中华优秀传统文化创造性转化、创新性发展，中国非物质文化遗产保护协会协调多方力量，委托第三方科研机构中国文化传媒集团研究院，联动抖音、快手、淘天、京东等互联网平台，按照客观性、真实性、规范性、科学性等原则，基于抓取的主流媒体报道数据和新媒体平台提供的互联网传播数据，整理汇总权威媒体报道，编撰了《中国非物质文化遗产传播蓝皮书2024》。全书分为总论、工作篇、传播篇、平台篇、建议篇、案例篇六个篇章。全书基于各地区、各门类、各级非遗传承人、各项非遗活动的互联网传播数据，多方面总结归纳了2023年度非遗保护传承工作概况，梳理提炼了2023年度非遗传播工作特点，选取摘编了全国非遗传播典型案例，分析提出了进一步做好非遗传播工作的相关建议，以供读者学习交流。

　　"工作篇"对2023年非遗保护传承工作进行了梳理总结。2023年，从完成《中华人民共和国非物质文化遗产法》修订，到印发《文化和旅游部关于推动非物质文化遗产与旅游深度融合发展的通知》《2023年黄河流域非遗保护传承弘扬行动计划》，一系列政策措施密集出台，非遗保护政策法规建设取得积极进展。创造性转化、创新性发展的渠道进一步优化，非遗保护传承水平进一步提升。通过对近三年实施的研培项目开展年度绩效考核、调整研培计划参与院校、持续推进非遗学科专业建设及人才培养等，持续扩大非遗传承队伍。举办了一系列形式多样、内容丰富的宣传推广活动，有效提升了非遗传播效果。通过多方面的跨界融合，打造"非遗 +"模式，成为非遗保护传承的重要方式。非遗服务京津冀协同发展、粤港澳大湾区建设、长三角一体化发展、黄河流域生态保护和高质量发展、乡村全面振兴等国家重大战略能力持续提高，非遗对经济社会发展的促进作用得到有效发挥。

"传播篇"从非遗传播数据统计分析、年度非遗重点活动梳理、年度非遗传播特点总结三个方面，对 2023 年度非遗传播情况进行了汇总和盘点。非遗传播数据统计分析部分，遵循可获取性、规范性、科学性、可操作性的原则，构建了由 2 个一级指标、5 个二级指标、22 个三级指标组成的 2023 年度非遗传播指标体系。统计分析发现，超千亿的互动声量以及过万亿的影响力值表明，非遗的社会传播影响力正在逐步增大，非遗传播覆盖人群越来越广。年度非遗重点活动部分，按照"客观记事、突出重点、抓大放小、提纲挈领"的原则，全面梳理 2023 年度中国非遗保护工作中的重要活动，内容涵盖文化和旅游部、全国各地各级主管部门以及行业相关单位与非遗相关的重大事件，共计 303 件。以全国各地在 2023 年度举办的丰富多样的非遗活动为监测对象，以全年非遗传播大数据为基本依据，综合发文总量、社会情绪、互动声量、影响力值以及报道媒体 5 个维度进行排序，参考重要性、典型性、创新性等因素，采用 2023 年度非遗传播指标体系进行传播综合计算，依据传播数据和分值得出 2023 年度"特别致敬非遗活动"10 项、2023 年度"最具传播影响力非遗活动"20 项，形成了客观数据排列。基于客观大数据，经专业分析，2023 年度非遗传播总体呈现出七大特点：非遗传播彰显"见人见物见生活"保护理念，非遗传播活力与当地经济发展呈现正向关系，节庆民俗活动成为推动非遗传播的重要方式，数字技术成为有效推动非遗传播的重要保障，政府牵头组织为主、多元主体持续释放活力，非遗相关老字号企业成为国潮传播的生力军，"破圈传播"推动非遗融入现代生活焕发新活力。

"平台篇"部分在对互联网平台助力非遗传承发展的优势和特点进行综合分析的基础上，对抖音、快手、淘天、京东等在非遗内容传播、非遗产品销售、非遗技艺传承方面的探索实践进行了梳理和总结。重点探讨了各平台整合资源，创新模式，利用短视频、直播、电商在助力非遗保护传承和全面乡村振兴方面发挥的重要作用。

"建议篇"部分从传播角度切入，着重强调了创新路径和现代科技手段在非遗保护传承中的重要作用，从鼓励更多主体参与、应用数字传播技术、运用跨界融合方式、创新多元传播方式、借助短视频新平台、依托网络直播渠道、拓展非遗电商途径、推动非遗海外传播等多个方面，提出了扩大非遗传播新群体、激发非遗传播新活力、推动非遗

"破圈"传播、提升非遗社会影响力、实现非遗传播年轻化、打造非遗互动高效率、助推经济社会新发展、助力中华文化走出去等多项措施，为进一步推动非遗传播创新提供了有针对性的工作提升建议。

"案例篇"部分基于客观大数据，按照客观性、典型性、示范性、创新性等原则，对 2023 年度 30 个非遗重点活动案例进行了精编。相关案例以非遗展览、展演、论坛、比赛、交流活动等多种方式，探索了非遗多样化传播路径，呈现了各地非遗保护传承的最新成果，为进一步做好非遗传播提供了有益的借鉴和参考。

工作篇

2023 年，全国各地深入学习贯彻习近平文化思想、习近平总书记关于非物质文化遗产保护工作的重要论述和重要指示批示精神，各地政府部门、专业机构、专家学者、非遗传承人、媒体单位在文化和旅游部推动下，共同努力，积极进取，持续做好非遗系统性保护，统筹代表性项目保护、代表性传承人培养，加强非遗研究、保护、传承、利用、传播，推动非遗保护传承取得了一系列重要成果。

一、非遗保护政策和法规建设取得积极进展

法规制度是非遗保护工作的重要基础，是非遗传承发展的"四梁八柱"。近年来，我国不断夯实相关法律保护基础，不断完善非遗名录制度、评估制度，为各级非遗代表性项目保护传承和非遗代表性项目代表性传承人培养提供了保障。

抓住重要节点，推进法治建设，夯实传承基础，是 2023 年非遗保护工作的关键动作之一。2023 年一系列政策措施密集出台，包括修订《中华人民共和国非物质文化遗产法》，印发《文化和旅游部关于推动非物质文化遗产与旅游深度融合发展的通知》《2023 年黄河流域非遗保护传承弘扬行动计划》《2023 年大运河非遗保护传承利用行动计划》，进一步完善一系列的名录制度、认定制度、评估制度等。

在中央层面，非遗主管部门单独或与其他部门联合发布的有关政策措施共计 10 项，主要涉及代表性项目保护、文化生态保护区、行业标准、非遗与旅游深度融合发展等多个领域。具体如表 1 所示。

表 1　2023 年中央部委发布的政策文件

序号	发布部门	文件名称	发布时间
1	商务部、文化和旅游部、市场监管总局、文物局、知识产权局	《商务部等 5 部门关于印发〈中华老字号示范创建管理办法〉的通知》	2023 年 1 月 6 日
2	文化和旅游部、人力资源和社会保障部、国家乡村振兴局	《文化和旅游部　人力资源和社会保障部　国家乡村振兴局关于公布 2022 年"非遗工坊典型案例"的通知》	2023 年 1 月 19 日
3	文化和旅游部	《文化和旅游部关于公布国家级文化生态保护区名单的公告》（文旅非遗发〔2023〕10 号）	2023 年 1 月 28 日

序号	发布部门	文件名称	发布时间
4	国务院办公厅	《国务院办公厅关于印发中医药振兴发展重大工程实施方案的通知》	2023 年 2 月 10 日
5	文化和旅游部	《文化和旅游部关于推动非物质文化遗产与旅游深度融合发展的通知》	2023 年 2 月 17 日
6	文化和旅游部	《文化和旅游部关于印发〈文化和旅游标准化工作管理办法〉的通知》	2023 年 2 月 21 日
7	国家中医药局、中央宣传部、教育部、商务部、文化和旅游部、国家卫生健康委、国家广电总局、国家文物局	《国家中医药局 中央宣传部 教育部 商务部 文化和旅游部 国家卫生健康委 国家广电总局 国家文物局关于印发〈"十四五"中医药文化弘扬工程实施方案〉的通知》	2023 年 4 月 19 日
8	文化和旅游部	《文化和旅游部关于发布〈非物质文化遗产数字化保护 数字资源采集和著录〉系列行业标准的公告》	2023 年 6 月 29 日
9	文化和旅游部	《文化和旅游部关于公布国家级文化生态保护区名单的公告》（文旅非遗发〔2023〕77 号）	2023 年 7 月 26 日
10	文化和旅游部	《文化和旅游部关于公布国家级非物质文化遗产代表性项目保护单位名单的公告》	2023 年 10 月 31 日

在地方层面，2023 年各地发布的省级政策文件共 26 项，主要涉及北京、上海、山西、云南、青海、海南等 17 个省（区、市），包括公布非遗代表性项目保护单位、省级非遗代表性项目名录、省级传统工艺工作站、省级非遗工坊名单的通知，文化生态保护区、非遗工坊、省级非遗代表性传承人、省级非遗代表性项目、非遗旅游体验空间认定与管理办法，非遗保护专项资金管理办法，地区文化保护传承弘扬规划，进一步加强非遗保护工作的实施意见，文化生态保护区建设成效评估实施细则等不同内容和类型的文件。

有效的保障体系为做好各项非遗保护传承工作，为各级代表性项目、代表性传承人发展提供了坚实的支撑。

二、非遗系统性保护工作水平进一步提升

2023 年，非遗保护传承水平进一步提升，创造性转化、创新性发展的渠道进一步优化，服务国家重大战略的能力进一步强化。

2023 年，文化和旅游部完成 3614 家国家级非遗项目保护单位履职尽责评估工作，重新认定保护单位 622 家；组织开展第六批国家级非遗代表性传承人认定工作；开展国家级非遗代表性传承人传承活动评估工作；开展国家级文化生态保护实验区验收，公布大理文化生态保护区等 10 个国家级文化生态保护区；推进"非遗在社区"试点工作，征集发布 22 个典型案例，举办相关交流活动，扩大示范效应；推动传统工艺高质量传承发展，评审公示 100 家 2023—2025 年国家级非物质文化遗产生产性保护示范基地，支持上海、江苏、浙江、贵州开展传统工艺项目存续状况评估试点工作。目前，全国设立的 6700 余家非遗工坊覆盖了脱贫县和乡村振兴重点县，成为促进中华优秀传统文化保护、带动就业创业、巩固脱贫攻坚成果、助力乡村振兴、增进民族团结的重要阵地。

三、非遗人才培养工作促进传承队伍扩大

非遗保护，关键在人。人才建设是非遗保护工作的重要任务。目前，文化和旅游部认定 5 批 3068 名国家级非遗代表性传承人，各省（市、区）公布 1.6 万多名省级代表性传承人。他们身负各式绝活，在城市、在乡间心无旁骛、坚守匠心。

近年来，文化和旅游部、教育部、人力资源和社会保障部共同实施中国非物质文化遗产传承人研修培训计划（简称"研培计划"），超过 10 万人次非遗传承人受益。2023 年，三部门对 2021—2022 年实施的 143 期研培项目开展了年度绩效考核，遴选并发布了 50 个优秀案例，展现了研培计划实施以来取得的丰硕成果和对非遗保护传承工作的深远影响。在绩效考核基础上，文化和旅游部对研培计划参与院校开展了动态调整，共计 130 所院校参与下一阶段研培计划。

同时，2023 年，非遗学科专业建设及人才培养持续推进。在教育部支持下，全国设立"非遗保护"本科专业的高校增至 18 所；天津大学等高校"非遗学"学科建设逐渐成形。2023 年举办的全国高校非遗保护政策与实务培训班，有 123 所高校的教师踊跃参加，高校非遗师资队伍进一步扩大，高校非遗研究教学能力日渐提升。非遗与旅游融合发展培训班，长江沿线、黄河流域大运河沿线、南部地区国家级非遗代表性传承人研修班等陆续举办；非遗网络学院正式上线，为基层非遗保护工作骨干队伍搭建了学习交流平台，持续壮大基层人才队伍。

四、多样宣传推广活动增强非遗传播效果

近年来，通过融合、引入多元的现代传播方式，非遗传播的声量不断扩大。2023年，非遗宣传展示活动精彩纷呈。

2023年，各地开展春节非遗传承实践相关活动1.2万余场，"文化进万家——视频直播家乡年"活动越办越有新意；2023年"文化和自然遗产日"期间，《保护非物质文化遗产公约》通过20周年纪念活动、2023全国非遗曲艺周、2023云游非遗·影像展、非遗购物节广受关注，让非遗走上云端、融入生活，全国开展非遗宣传展示活动9800余场。"茶和天下 共享非遗"主题活动、2023"新疆是个好地方"对口援疆19省市非物质文化遗产展、2023中国原生民歌节、"生命如歌——万桐书与新疆维吾尔木卡姆艺术"专题展、第八届中国成都国际非物质文化遗产节等活动集中体现文化交流成果。非遗与旅游深度融合不仅体现在更多主题线路中，更体现在人们的自觉选择和生活体验中。此外，文化和旅游部与中央广播电视总台联合拍摄播出的《非遗里的中国》第一季11期节目已圆满收官，全网覆盖用户超75.4亿人次，第二季首集新疆篇顺利播出，覆盖人群4882.7万人次。

此外，全国各地各级非遗主管部门和非遗保护协会等行业组织以及电商平台、短视频平台等网络力量，也结合当地实际，发挥各自优势，有效推动非遗的现代化传播。

五、跨界助力非遗创造性转化和创新性发展

在做好保护的基础上，立足时代特点和人民群众需要，将"非遗融入当代生活"作为工作目标之一，推动非遗创造性转化、创新性发展，找到传统文化与当代生活的连接点，让非遗成为民众社会文化活动的有机存在，成为价值观念的基本载体。2023年，通过多方面的跨界融合，打造"非遗+"模式，推动中华优秀传统文化实现创造性转化、创新性发展，成为非遗保护传承发展的重要方式。比如，在"非遗+旅游"方面，全国各地不断推出丰富多彩的非遗主题旅游线路，旅行社、旅游网站等专业服务平台在热门旅游目的地线路规划中增设了不少非遗景点观览、演出观看和手工体验项目，并作为行程亮点予以推介，带动了整体旅游业的品位提升和产业链发展。特别是许多少数民族地区利用当地独特的民俗文化和民间文艺等非遗资源开发出的一些旅游项目，受到国内外游

客的欢迎，成为该地区吸引游客的关键因素。在"非遗＋文创产品"方面，将非遗中的某些元素和技艺，通过文化创意商品展示出来，使其蕴含的历史、艺术、科技、社会等价值变得更加丰富、形象、生动。如故宫博物院等各大博物馆火爆出圈的各种文创产品，通过深入挖掘馆藏文物的非遗元素，借助创意方式，实现了很好的社会效益和经济效益。

六、非遗服务国家重大战略能力持续提高

作为中华优秀传统文化的重要组成部分，非遗积极融入国家重大战略，在促进文化传承、带动就业创业、巩固脱贫攻坚成果、助力乡村振兴、增进民族团结等方面发挥着积极作用。2023 年，非遗主管部门主动服务于国家重大战略，加强京津冀协同发展、长江经济带发展、粤港澳大湾区建设、长三角一体化发展、黄河流域生态保护和高质量发展、推进海南全面深化改革开放等国家重大战略中的非遗保护传承，继续做好黄河、大运河文化遗产保护，加强专题研究，举办品牌活动，充分发挥非遗对经济社会发展的促进作用。

近年来，文化和旅游高质量发展促进共同富裕的成效显著。在非遗领域，全国目前设立了 6700 余家非遗工坊，其中 2100 余家设立在脱贫县和乡村振兴重点县，成为巩固拓展脱贫攻坚成果、与乡村振兴有效衔接的重要阵地。基于此，有影响力的非遗品牌不断涌现，带动作用凸显。

在全面推进实施乡村振兴战略的背景下，各地各部门积极探索非遗融入和服务乡村振兴的有效机制举措，将非遗产业培育融入乡村振兴整体规划，以非遗工坊为重要载体和抓手，推动当地非遗项目产品设计、营销创新、品牌打造，提升非遗产品的市场竞争力，让非遗成为带动农民增收、拓展农村就业渠道的增长点，有效助力乡村全面振兴。截至目前，全国设立的 6700 余家非遗工坊覆盖了脱贫县和乡村振兴重点县，在推进巩固拓展脱贫攻坚成果与乡村振兴有效衔接的背景下，各地的非遗工坊充分带动了当地群众就近就业、增收致富，在助力乡村振兴中发挥了重要作用。

同时，保护好、传承好、弘扬好黄河流域、大运河非物质文化遗产，对于传承中华文明，坚定文化自信，筑牢中华民族共同体意识，推动黄河流域、大运河文化带高质量发展具有重要意义。非遗主管部门在成立黄河流域、大运河非遗保护传承工作协同机制的基础上，扎实推进黄河、大运河非遗保护基础工作，积极探索黄河、大运河非遗保护新实践，系统性推动黄河流域、大运河文化带非遗保护工作。

传播篇

一、2023 年度非遗传播数据

（一）数据来源

本书数据来源主要有两个途径：一是基于全网大数据；二是基于抖音、快手平台的闭源数据。其中全网大数据是基于主流媒体报道传播数据和各平台提供的传播数据，通过大数据手段，从网媒、纸媒、论坛、博客、微博、微信、客户端等信息渠道提取数据。闭源数据是由抖音、快手提供的非遗活动、非遗传承人、非遗相关直播等传播形式的浏览量、评论量、转发量以及粉丝数量。

（二）评价体系

本书从地区非遗活动、非遗事件、非遗传承人、互联网助力非遗等方面的典型性进行数据统计和分析总结。该评价指标体系是一个融合非遗项目、非遗大事件、非遗传承人的复杂动态的系统，能够直接反映 2023 年非遗传播的实际状况，也能体现传播媒介、传播形式等对非遗传承、保护和利用的潜在影响。评价指标体系的设置，遵循可获取性、规范性、科学性、可操作性的原则，从开源数据和闭源数据 2 个维度设置一级指标；在开源数据一级指标下，设置发文总量、社会情绪、互动声量、影响力值以及报道媒体 5 个二级指标，从客户端、视频、网站、微信、微博等的发文总量，评论数、点赞数、阅读数等维度设置 22 个三级指标；在闭源数据一级指标下，设置抖音、快手数据为二级指标，将其提供的作品量、播放量、转发量、互动量设置为 4 个三级指标。详细指标体系如表 2 所示。

表 2　2023 年度非遗传播指标体系

序号	一级指标	二级指标	三级指标
1	开源数据 80%	发文总量	客户端
2			视频
3			网站
4			微信
5			微博
6			互动论坛
7			数字报

序号	一级指标	二级指标	三级指标
8	开源数据 80%	社会情绪	敏感
9			中性
10			非敏感
11		互动声量	转发数
12			评论数
13			点赞数
14			阅读数
15		影响力值	发帖人数
16			粉丝数
17		报道媒体	央级
18			省级
19			地市
20			商业
21			企业资讯
22			中小
23	闭源数据 20%	抖音、快手	作品量
24			播放量
25			转发量
26			互动量

（三）评价方法

通过构建上述指标体系，对 2023 年非遗传播效果进行评估，结合 VIKOR 法（多准则妥协解排序法）和所得数据的特殊性，来反映年度非遗传播工作的总体效果。

VIKOR 法是由 Opricovic 教授于 1998 年提出的一种多属性决策方法。它是一种通过对群体效用值、个体遗憾值、折中评价值计算，对多属性方案进行排序和选择的决策方法。该方法基于 Lpmetric 聚合函数，通过确定"正理想解"和"负理想解"，在数据全部解集中选择出最优解和最劣解，根据不同数值之间最优解和最劣解距离，即最优解最近、最劣解最远的标准，这一过程往往是各个属性之间进行折中让步，以便得到的可行解既能保证群体的最大利益，又能兼顾个体损失，它是由折中规划中的 L_P 测度衍生而来，L_P 测度可表示为：

$$L_P = \left\{ \sum_{j=1}^{n} \left[\frac{w_j(f_j^* - f_{ji})}{(f_j^* - f_j^-)} \right] \right\}^{\frac{1}{p}}$$

其中，$1 \leq P \leq \infty$，$i = 1, 2, \cdots, m$，w_j 为评价属性权重，f_j^* 与 f_j^- 分别表示正理想值与负理想值。

记

· $M = \{1, 2, \cdots, m\}$，$N = \{1, 2, \cdots, n\}$.

· $C = \{C_1, C_2, \cdots, C_n\}$ 表示 n 个属性的集合，其中 C_j 表示第 j 个属性，$j \in N$；

· $w = (w_1, w_2 \cdots w_n)$ 表示属性的权重向量，其中 w_j 为属性 C_j 的权重，满足 $w_j \geq 0$ 且 $\sum_{i=1}^{n} w_j = 1$

· x_{ij} 为方案 A_i 对于属性 C_j 的值。

其计算步骤为：

1. 指标标准化

标准化处理是为了消除量纲对最终结果的影响，使不同变量具有可比性。决策指标包含正向指标和负向指标。正向化指标，数值越大表示决策者对该项越满意；负向化指标，其数值越大决策者对该指标的满意度越低。

标准化处理公式：令 x_{ij} 为决策指标，r_{ij} 为指标准化后的结果，则：若 x_{ij} 为正向指标，

$$r_{ij} = (x_{ij} - x_{ij}^-) / (x_{ij}^* - x_{ij}^-)$$

若 x_{ij} 为负向指标，

$$r_{ij} = (x_{ij}^* - x_{ij}) / (x_{ij}^* - x_{ij}^-)$$

其中，$x_{ij}^* = \max_{1 \leq i \leq m} x_{ij}$，$x_{ij}^- = \min_{1 \leq i \leq m} x_{ij}$。

确定群体效用（group utility）与个体遗憾（individual regret）

令 b_j^* 与 b_j^- 为标准化矩阵 Standard_Matrix 中每列的最大值和最小值，有

$$b_j^* = \max_{1 \leq i \leq m} b_{ij}$$

$$b_j^- = \min_{1 \leq i \leq m} b_{ij}$$

计算群体效用值 S_i 和个体遗憾值 R_i

$$S_i = \sum_{i=1}^{n} w_j \left(b_j^* - b_{ij} \right) / \left(b_j^* - b_j^- \right)$$

$$R_i = \max_{1 \leq i \leq m} \left[w_j \left(b_j^* - b_{ij} \right) / \left(b_j^* - b_j^- \right) \right]$$

2. 计算这种决策指标值

根据群体效用值与个体遗憾值的结果，在此基础上计算决策指标的值，指标值越小方案越优。

$$Q_i = v \left(S_i - S^* \right) / \left(S^- - S^* \right) + \left(1 - v \right) \left(R_i - R^* \right) / \left(R^- - R^* \right)$$

其中，

$$S^* = \min_{1 \leq i \leq m} S_i, \quad S^- = \max_{1 \leq i \leq m} S_i$$

$$R^* = \min_{1 \leq i \leq m} R_i, \quad R^- = \max_{1 \leq i \leq m} R_i$$

v 表示为决策机制系数，如果 $v>0.5$ 则表示根据最大化群体效应决策机制决策；如果 $v<0.5$，则表示根据最小化个体遗憾值的决策机制决策；如果 $v=0.5$，则表示根据协商达成最大群体效应和最小个体遗憾值同等重要的决策机制进行决策。

最终，由综合评价法得到的各方案的指标值权重如表3所示。

表3　2023年度非遗传播指标体系权重明细

序号	一级指标	二级指标	三级指标	权重体系
1	开源数据 80%	发文总量	客户端	2.80%
2			视频	2.90%
3			网站	2.60%
4			微信	3.00%
5			微博	6.20%
6			互动论坛	3.30%
7			数字报	2.70%

序号	一级指标	二级指标	三级指标	权重体系
8	开源数据 80%	社会情绪	敏感	0.60%
9			中性	2.70%
10			非敏感	2.70%
11		互动声量	转发数	5.90%
12			评论数	3.10%
13			点赞数	4.00%
14			阅读数	27.60%
15		影响力值	发帖人数	3.20%
16			粉丝数	3.20%
17		报道媒体	央级	4.90%
18			省级	6.20%
19			地市	3.30%
20			商业	3.30%
21			企业资讯	2.70%
22			中小	3.10%
23	闭源数据 20%	抖音、快手	作品量	19.23%
24			播放量	30.65%
25			转发量	26.56%
26			互动量	23.56%

（四）数据分析结果

由中国文化传媒集团研究院依托其自主知识产权系统"中传云"，以及新浪舆情通、百度指数、清博智能等各大舆情大数据平台，实现对中央新闻网站、行业媒体、各地各级主流媒体、商业网站、视频网站、微信、微博等平台年度非遗传播数据的抓取和汇集，实现对国家、省、市、县四级非遗名录认定的10万余项非遗代表性项目，9万余名各级非遗代表性传承人、重大非遗活动的传播大数据信息的实时监测，并在此基础上对2023年度非遗传播数据情况进行分析总结。

1.非遗总体传播数据分析

全年非遗传播渠道丰富，传播量大，影响人群广泛。在中国文化传媒集团舆情监测系统，以 2023 年 1 月 1 日 0 时至 12 月 31 日 24 时为周期，以"非遗""非物质文化遗产"为关键词进行信息检索发现，2023 全年非遗传播发文总量为 73268214 篇，监测期内的传播走势呈现"W"态势，高点出现于 8 月，年初和年末也有传播小高峰（见图 1）。

图 1　2023 年非遗传播走势

6 ～ 8 月，受"文化和自然遗产日"非遗宣传展示活动、第三届中国丹寨非遗周、"根与魂——茶和天下·雅集：浙江茶文化生活主题展演"活动、首届中俄非物质文化遗产展览展销会、2023 驻华外交官"发现中国之美"活动等大型活动影响，非遗传播工作逐步达到高峰。

年初 1 ～ 2 月、年末 11 ～ 12 月受元旦、春节和元宵节等节庆的影响，民俗类活动、技艺展示活动，加之大型活动"非遗过大年"、第六届中国非物质文化遗产传统技艺大展、2023 中国客家非遗大会等传播赋能，舆情热度也居于高位。

从信息分布情况看，监测时间段内，监测到总信息 73268214 条，视频是主要传播平台，共 23983713 条（占比 32.73%），其次是微博 19854457 条（占比 27.1%）、客户端 18470671 条（占比 25.21%）、网站 6332510 条（占比 8.64%）、微信 4026806 条（占比 5.5%）、互动论坛 388568 条（占比 0.53%）、数字报 211489 条（占比 0.29%）。视频、微博和客户端正在成为非遗传播的主流方式（见图 2）。

经综合测算，本次监测到非遗传播工作的互动声量为 1573.02 亿，影响力值为 57743.07 亿。报道媒体总数量共有 137988 家，其中媒体报道信息 5882509 条，非媒体报道信息 67356102 条。超千亿的互动声量以及过万亿的影响力值表明非遗在社会传播中的影响力正在逐步增大，非遗传播覆盖人群越来越广。

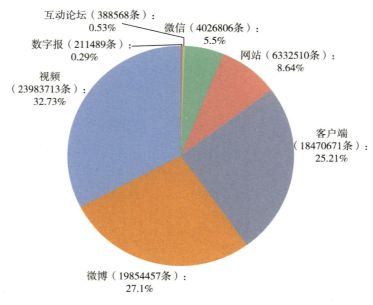

图2　非遗传播信息来源占比

从闭源数据来看，截至2023年12月，非遗相关内容在抖音、快手平台的浏览量超4299亿，用户总数超6.34亿，转发量6.85亿，互动量超99.86亿，两大平台覆盖非遗项目逾1560项，与非遗相关的直播超2500万场，包括非遗在内的传统文化主播开播人次平均每天超过5.1万人。

从行政区划来看，省级行政区发文总量为30835845篇，互动声量为1505.89亿次，影响力值为10356.91亿。报道媒体总数量共有105510家，媒体报道信息3108702条，非媒体报道信息11745049条，客户端、网站和微信是主要传播渠道。各省具体数据如表4所示（该表格按照首字母进行排序，此次数据不包含港澳台地区）。

表4　省级行政区开源传播数据统计

序号	省级行政区名称	发文总量（篇）	社会情绪（个）	互动声量（亿次）	影响力值（亿）	报道媒体（家）
1	安徽省	637661	625965	4.79	465.93	5045
2	北京市	1338460	1322499	7.07	932.62	7007
3	重庆市	632695	624839	6.21	3349	4914
4	福建省	914425	906373	5.78	607.36	5669

序号	省级行政区名称	发文总量（篇）	社会情绪（个）	互动声量（亿次）	影响力值（亿）	报道媒体（家）
5	甘肃省	513666	508375	3.95	355.27	4499
6	广东省	1433745	1415014	7.13	867.55	6497
7	广西壮族自治区	1815961	1777342	10.08	1402.79	7929
8	贵州省	741329	726777	8.03	596.93	5525
9	海南省	307631	302984	2.42	190.23	10743
10	河北省	2061685	2023046	16.17	1591.75	9283
11	河南省	855610	782829	6.24	685.95	6073
12	黑龙江省	264744	259378	0.002647	158.53	3807
13	湖北省	645657	616602	5.44	432.90	5034
14	湖南省	704940	696309	5.46	529.64	5378
15	吉林省	282179	277532	2.91	151.46	4140
16	江苏省	1062167	1041651	1409.45	631.96	6282
17	江西省	608352	598514	9.36	415.60	5648
18	辽宁省	269778	266129	16.50	159.21	3730
19	内蒙古自治区	1060587	1048702	9.18	886.41	7244
20	宁夏回族自治区	637514	624370	5.09	378.38	5723
21	青海省	278532	276734	1.98	156.53	3545
22	山东省	1256519	1244168	10.53	927.50	6631
23	山西省	650757	638809	4.18	446.51	4926
24	陕西省	855610	846767	4.99	536.60	5537
25	上海市	876448	865050	5.74	832.14	5902
26	四川省	855610	970300	7.71	874.20	6549
27	天津市	429106	422679	3.22	313.73	4330
28	西藏自治区	688811	681957	5.14	590.91	5985
29	新疆生产建设兵团	121049	116300	1.07	65.87	3203
30	新疆维吾尔自治区	1587680	1562707	8.74	1225.53	8482
31	云南省	3181292	3127237	13.14	2017.62	9024
32	浙江省	1356045	1332590	19.28	960.12	7006

从发文总量维度来看，云南省、河北省和广西壮族自治区位居前三名，省级行政区域的详细数据及分值前十位如表 5 所示。

表 5　省级行政区发文总量传播数据

序号	省级行政区名称	发文总量（篇）	发文总量分值
1	云南省	3181292	99.8
2	河北省	2061685	99.1
3	广西壮族自治区	1815961	98.4
4	新疆维吾尔自治区	1587680	97.7
5	广东省	1433745	97.0
6	浙江省	1356045	96.3
7	北京市	1338460	95.6
8	山东省	1256519	94.9
9	江苏省	1062167	94.2
10	内蒙古自治区	1060587	93.5

从社会情绪维度来看，云南省、河北省和广西壮族自治区位居前三名，省级行政区域的详细数据及分值前十位如表 6 所示。

表 6　省级行政区社会情绪传播数据

序号	省级行政区名称	社会情绪（个）	社会情绪分值
1	云南省	3127237	99.8
2	河北省	2023046	99.1
3	广西壮族自治区	1777342	98.4
4	新疆维吾尔自治区	1562707	97.7
5	广东省	1415014	97.0
6	浙江省	1332590	96.3
7	北京市	1322499	95.6
8	山东省	1244168	94.9
9	内蒙古自治区	1048702	94.2
10	江苏省	1041651	93.5

从互动声量维度来看，江苏省、浙江省和辽宁省位居前三名，省级行政区域的详细数据及分值前十位如表 7 所示。

表 7　省级行政区互动声量传播数据

序号	省级行政区名称	互动声量（亿次）	互动声量分值
1	江苏省	1409.45	99.8
2	浙江省	19.28	99.1
3	辽宁省	16.50	98.4
4	河北省	16.17	97.7
5	云南省	13.14	97.0
6	山东省	10.53	96.3
7	广西壮族自治区	10.08	95.6
8	江西省	9.36	94.9
9	内蒙古自治区	9.18	94.2
10	新疆维吾尔自治区	8.74	93.5

　　从影响力维度来看，重庆市、云南省和河北省位居前三名，省级行政区域的详细数据及分值前十位如表 8 所示。

表 8　省级行政区影响力传播数据

序号	省级行政区名称	影响力值（亿）	影响力值分值
1	重庆市	3349	99.8
2	云南省	2017.62	99.1
3	河北省	1591.75	98.4
4	广西壮族自治区	1402.79	97.7
5	新疆维吾尔自治区	1225.53	97.0.0
6	浙江省	960.12	96.3
7	北京市	932.62	95.6
8	山东省	927.50	94.9
9	内蒙古自治区	886.41	94.2
10	四川省	874.20	93.5

　　从报道媒体数量维度来看，海南省、河北省和云南省位居前三名，省级行政区域的详细数据及分值前十位如表 9 所示。

表9 省级行政区报道媒体数量传播数据

序号	省级行政区名称	报道媒体（家）	报道媒体数量分值
1	海南省	10743	99.8
2	河北省	9283	99.1
3	云南省	9024	98.4
4	新疆维吾尔自治区	8482	97.7
5	广西壮族自治区	7929	97.0
6	内蒙古自治区	7244	96.3
7	北京市	7007	95.6
8	浙江省	7006	94.9
9	山东省	6631	94.2
10	四川省	6549	93.5

按照指标体系对各省传播工作进行综合计算，河北省、云南省和浙江省名列前茅，省级行政区域的详细数据及分值前十位如表10所示。

表10 省级行政区非遗传播数据综合分值

序号	省级行政区名称	发文总量分值	社会情绪分值	互动声量分值	影响力值分值	报道媒体数量分值	综合评价分值
1	河北省	99.10	99.10	97.70	98.40	99.10	98.49
2	云南省	99.80	99.80	97.00	99.10	98.40	98.29
3	浙江省	96.30	96.30	99.10	96.30	94.90	97.11
4	广西壮族自治区	98.40	98.40	95.60	97.70	97.00	96.89
5	新疆维吾尔自治区	97.70	97.70	93.50	97.00	97.70	95.95
6	江苏省	94.20	93.50	99.80	90.70	92.10	95.71
7	山东省	94.90	94.90	96.30	94.90	94.20	95.30
8	内蒙古自治区	93.50	94.20	94.20	94.20	96.30	94.53
9	北京市	95.60	95.60	90.70	95.60	95.60	93.61
10	广东省	97.00	97.00	91.40	92.80	92.80	93.47

各城市的发文量为24860845篇，互动声量为1540.80亿次，影响力值为1540.80亿。

报道媒体总数量共有 121696 家，媒体报道信息 4825322 条，非媒体报道信息 20037532 条，客户端、网站和视频是主要传播渠道。各城市具体数据如表 11 所示（此次数据不包含港澳台地区）。

表 11　各城市开源传播数据统计

序号	城市名称	发文总量（篇）	社会情绪（个）	互动声量（亿次）	影响力值（亿）	报道媒体（家）
1	深圳市	1737530	1663764	8.93	1277.22	8524
2	杭州市	550510	543942	13.75	397.38	5091
3	青岛市	956151	12495	6.83	616.15	6078
4	厦门市	826859	815373	4.10	563.82	6114
5	成都市	692820	685849	4.92	473.41	4928
6	重庆市	632761	624939	6.22	334.64	4915
7	南京市	347753	345185	1404.66	193.10	3919
8	广州市	628521	622847	4.68	404.60	4510
9	宁波市	554614	542138	3.59	390.49	5288
10	郑州市	200959	198372	892.697	87.90	2490
11	乌鲁木齐市	305391	302116	2.56	221.75	4049
12	大连市	378907	5662	2.14	344.04	4421
13	西安市	406393	400800	1.90	256.03	3627
14	呼和浩特市	252242	249901	2.29	202.97	3210
15	济南市	275683	273898	2.13	246.70	3195
16	福州市	272356	3446	2.06	145.76	3480
17	长沙市	264602	3376	1.95	194.79	3334
18	武汉市	301980	281365	1.58	187.61	3187
19	拉萨市	184798	182018	1.73	176.64	2857
20	石家庄市	159717	158130	1.94	162.34	2240

从发文总量维度来看，深圳市、青岛市和厦门市位居前三名，城市的详细数据及分值前二十位如表 12 所示。

表 12　城市发文总量传播数据

序号	城市名称	发文总量（篇）	发文总量分值
1	深圳市	1737530	99.8
2	青岛市	956151	98.4
3	厦门市	826859	97.0
4	成都市	692820	96.3
5	广州市	628521	94.9
6	宁波市	554614	94.2
7	杭州市	550510	93.5
8	西安市	406393	92.1
9	大连市	378907	91.4
10	南京市	347753	90.7
11	乌鲁木齐市	305391	90.0
12	武汉市	301980	89.3
13	济南市	275683	88.6
14	福州市	272356	87.9
15	长沙市	264602	87.2
16	呼和浩特市	252242	86.5
17	郑州市	200959	85.8
18	拉萨市	184798	85.1
19	太原市	184445	84.4
20	贵阳市	183551	83.7

　　从社会情绪维度来看，深圳市、厦门市和成都市位居前三名，城市的详细数据及分值前二十位如表 13 所示。

表 13　城市社会情绪传播数据

序号	城市名称	社会情绪（个）	社会情绪分值
1	深圳市	1663764	99.8
2	厦门市	815373	97.7
3	成都市	685849	97.0

序号	城市名称	社会情绪（个）	社会情绪分值
4	广州市	622847	95.6
5	杭州市	543942	94.9
6	宁波市	542138	94.2
7	西安市	400800	92.8
8	南京市	345185	92.1
9	乌鲁木齐市	302116	91.4
10	武汉市	281365	90.7
11	济南市	273898	90.0
12	呼和浩特市	249901	89.3
13	郑州市	198372	88.6
14	拉萨市	182018	87.9
15	贵阳市	180589	87.2
16	太原市	179200	86.5
17	南宁市	171659	85.8
18	石家庄市	158130	85.1
19	南昌市	152894	84.4
20	昆明市	145197	83.7

从互动声量维度来看，南京市、郑州市和杭州市位居前三名，城市的详细数据及分值前二十位如表14所示。

表 14　城市互动声量传播数据

序号	城市名称	互动声量（亿次）	互动声量分值
1	南京市	1404.66	99.8
2	郑州市	892.697	99.1
3	杭州市	13.75	98.4
4	深圳市	8.93	97.7
5	青岛市	6.83	96.3
6	成都市	4.92	94.2
7	广州市	4.68	93.5

续表

序号	城市名称	互动声量（亿次）	互动声量分值
8	厦门市	4.10	92.8
9	宁波市	3.59	92.1
10	乌鲁木齐市	2.56	90.7
11	呼和浩特市	2.29	90.0
12	大连市	2.14	89.3
13	济南市	2.13	88.6
14	福州市	2.06	87.9
15	长沙市	1.95	87.2
16	石家庄市	1.94	86.5
17	西安市	1.90	85.8
18	拉萨市	1.73	85.1
19	武汉市	1.58	84.4
20	贵阳市	1.43	83.7

从影响力值维度来看，深圳市、青岛市和厦门市位居前三名，城市的详细数据及分值前二十位如表 15 所示。

表 15　城市影响力值传播数据

序号	城市名称	影响力值（亿）	影响力值分值
1	深圳市	1277.22	99.8
2	青岛市	616.15	97.7
3	厦门市	563.82	97.0
4	成都市	473.41	96.3
5	广州市	404.60	95.6
6	杭州市	397.38	94.9
7	宁波市	390.49	94.2
8	大连市	344.04	93.5
9	西安市	256.03	91.4
10	济南市	246.70	90.7
11	乌鲁木齐市	221.75	90.0

序号	城市名称	影响力值（亿）	影响力值分值
12	呼和浩特市	202.97	89.3
13	长沙市	194.79	88.6
14	南京市	193.10	87.9
15	武汉市	187.61	87.2
16	南宁市	183.68	86.5
17	拉萨市	176.64	85.8
18	石家庄市	162.34	85.1
19	福州市	145.76	84.4
20	太原市	113.80	83.7

从报道媒体维度来看，深圳市、厦门市和青岛市位居前三名，城市的详细数据及分值前二十位如表 16 所示。

表 16　城市报道媒体传播数据

序号	城市名称	报道媒体（家）	报道媒体数量分值
1	深圳市	8524	99.8
2	厦门市	6114	98.4
3	青岛市	6078	97.7
4	宁波市	5288	96.3
5	杭州市	5091	95.6
6	成都市	4928	94.9
7	广州市	4510	93.5
8	大连市	4421	92.8
9	乌鲁木齐市	4049	91.4
10	南京市	3919	90.7
11	西安市	3627	90.0
12	福州市	3480	89.3
13	长沙市	3334	88.6
14	呼和浩特市	3210	87.9
15	济南市	3195	87.2
16	武汉市	3187	86.5

续表

序号	城市名称	报道媒体（家）	报道媒体数量分值
17	拉萨市	2857	85.8
18	兰州市	2603	85.1
19	郑州市	2490	84.4
20	南宁市	2463	83.7

按照指标体系对各城市的传播工作进行综合评价，深圳市、杭州市和青岛市名列前茅，城市的详细数据及分值前二十位如表17所示。

表17　各城市非遗传播数据综合分值

序号	城市名称	发文总量分值	社会情绪分值	互动声量分值	影响力值分值	报道媒体数量分值	综合评价分值
1	深圳市	99.80	99.80	97.70	99.80	99.80	98.95
2	杭州市	93.50	94.90	98.40	94.90	95.60	96.16
3	青岛市	98.40	78.10	96.30	97.70	97.70	96.12
4	厦门市	97.00	97.70	92.80	97.00	98.40	95.67
5	成都市	96.30	97.00	94.20	96.30	94.90	95.16
6	南京市	90.70	92.10	99.80	87.90	90.70	94.30
7	广州市	94.90	95.60	93.50	95.60	93.50	94.09
8	宁波市	94.20	94.20	92.10	94.20	96.30	93.84
9	郑州市	85.80	88.60	99.10	81.60	84.40	90.77
10	乌鲁木齐市	90.00	91.40	90.70	90.00	91.40	90.70
11	大连市	91.40	77.40	89.30	93.50	92.80	90.17
12	西安市	92.10	92.80	85.80	91.40	90.00	89.05
13	呼和浩特市	86.50	89.30	90.00	89.30	87.90	88.60
14	济南市	88.60	90.00	88.60	90.70	87.20	88.49
15	福州市	87.90	76.70	87.90	84.40	89.30	87.33
16	长沙市	87.20	76.00	87.20	88.60	88.60	86.95
17	武汉市	89.30	90.70	84.40	87.20	86.50	86.60
18	拉萨市	85.10	87.90	85.10	85.80	85.80	85.48
19	石家庄市	82.30	85.10	86.50	85.10	79.50	83.69
20	南宁市	83.00	85.80	82.30	86.50	83.70	83.27

　　按照东部、西部、中部和东北部划分后，可以发现 2023 年度非遗传播工作的如下规律。

　　东部地区非遗传播工作出类拔萃。2023 年，东部地区非遗传播发文总量为 12945831 篇，互动声量为 1494.55 亿次，影响力值为 8754.02 亿，报道媒体总数量为 73184 家。东部地区遥遥领先其他区域。影响力、报道媒体数量等均占比超 1/3。

　　西部地区非遗传播工作风生水起。西部地区非遗传播发文总量为 12970336 篇，互动声量为 77.60 亿次，影响力值为 11561.84 亿，报道媒体总数量为 71610 家。发文总量、影响力值赶超东部地区，报道媒体总数量占比与东部地区不相上下，但互动声量与东部地区相比，差距较大。

　　中部地区非遗传播工作紧随其后。2023 年中部地区非遗传播发文总量为 4102977 篇，互动声量为 43.18 亿次，影响力值为 3850.73 亿，报道媒体总数量为 38653 家。相较于经济发达的东部地区与非遗资源极为丰富的西部地区，中部地区在发文总量、互动声量、影响力值和报道媒体总数量上存在一定量级上的差异，但非遗传播工作整体影响力较强。

　　东北部地区非遗传播工作有待提升。2023 年东北部地区非遗传播发文总量为 816701 篇，互动声量为 19.41 亿次，影响力值为 469.2 亿，报道媒体总数量为 11677 家。与其他地区存在较大差距，随着冰雪旅游的火爆出圈，东北部地区非遗传播工作仍有进一步的提升空间。

表 18　非遗传播活力值地区分布统计

区域	发文总量（篇）	互动声量（亿次）	影响力值（亿）	报道媒体总数量（家）	发文总量占比（%）	互动声量占比（%）	影响力值占比（%）	报道媒体总数量占比（%）
东部	12945831	1494.55	8754.02	73184	41.98	91.42	35.53	37.51
西部	12970336	77.60	11561.84	71610	42.06	4.75	46.93	36.70
中部	4102977	43.18	3850.73	38653	13.31	2.64	15.63	19.81
东北部	816701	19.41	469.2	11677	2.65	1.19	1.91	5.98
合计	30835845	1634.74	24635.79	195124	100.00	100.00	100.00	100.00

2. 非遗传承人传播数据分析

非遗传承人充分利用媒体传播渠道，充分发挥新时代非遗传播大使职能。在中国文化传媒集团舆情监测系统，以2023年1月1日0时至12月31日24时为周期，以"非遗""非物质文化遗产""传承人"为关键词进行信息检索发现，监测到总信息7609841条，峰值出现于6月，年末也有舆情小高峰（见图3）。

图3　2023年非遗传承人传播走势

6月受"文化和自然遗产日"非遗宣传展示活动带动，非遗传承人集中参加各地举办的展演展示活动，此期间非遗传承人的传播工作达到高峰。

从信息分布情况看，监测时间段内，监测到总信息7609841条，客户端是主要传播平台，共2224917条（占比29.24%），其次是微博1969442条（占比25.88%）、网站1524545条（占比20.04%）、视频969642条（占比12.74%）、微信816059条（占比10.72%）、数字报53531条（占比0.70%）、互动论坛51705条（占比0.68%）。客户端、微博和网站正在成为非遗传承人传播的主要方式（见图4）。

基于2023年全年非遗汇总信息和平台监测数据，经综合计算，2023全年与非遗传承人相关的互动声量为44.13亿次，影响力值为7119.03亿。报道媒体总数量共有79604家，其中媒体报道信息1341256条、非媒体报道信息6268585条。

不同类别非遗传承人活力值差距较大。传统戏剧类、曲艺类非遗传承人综合传播活力高。由于相关非遗项目与大众娱乐、审美需求十分贴近，因此在大众中受认可和欢迎程度较高，相关传承人传播活力值较高。传统体育、游艺与杂技中的武术类项目传承人

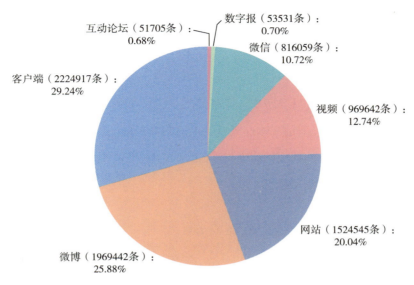

图 4　非遗传承人传播信息来源占比

广受欢迎，这与民众对于武侠小说、武术类非遗的喜爱密不可分，但该门类下其他项目少有人关注。传统医药类非遗传承人综合传播活力低。这是由于传统医药类非遗项目具有一定地域性和较强专业性，与大众生活有一定距离，加之医药类非遗传播门槛较高，活动相对较少，因此非遗传承人传播活力值整体较低。

3. 非遗项目类别传播数据分析

在中国文化传媒集团舆情监测系统，以 2023 年 1 月 1 日 0 时至 12 月 31 日 24 时为周期，用非遗十大类别进行关键词检索后发现，监测到总信息 444973 条，高点出现于 8 月，年初和年末也有舆情小高峰（见图 5）。

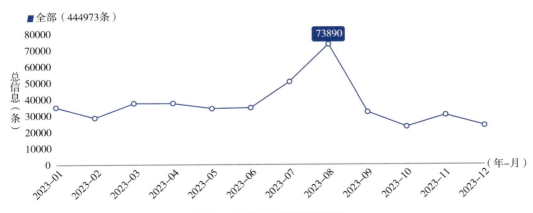

图 5　2023 年非遗传播走势

31

6～8月期间受文化和旅游部组织的多个全国性大型活动带动，非遗传播工作呈直线上升趋势，于8月达到高峰。

从信息分布情况看，监测时间段内，监测到总信息444973条，网站是主要传播平台，共139369条（占比31.32%），其次是客户端132988条（占比29.88%）、微博83207条（占比18.70%）、微信75637条（占比17.00%）、视频6573条（占比1.48%）、数字报3740条（占比0.84%）、互动论坛3459条（占比0.78%）。网站客户端和微博正在成为非遗传播的主要方式（见图6）。

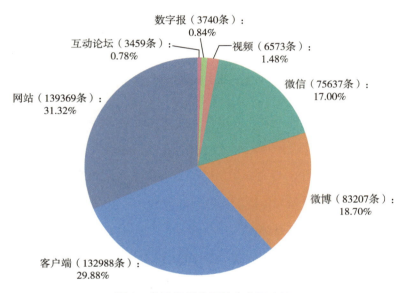

图6　非遗门类传播信息来源占比

通过大数据手段获取的各类别具体数据如表19所示。

表19　非遗各类别开源传播数据统计

序号	类别	发文总量（篇）	社会情绪（个）	互动声量（亿次）	影响力值（亿）	报道媒体（家）
1	民间文学	208286	205460	0.44	161.71	4035
2	传统音乐	191168	189929	0.75	258.29	4851
3	传统舞蹈	163693	162299	0.90	179.50	4504
4	传统戏剧	203490	201569	0.62	186.82	4441

序号	类别	发文总量 （篇）	社会情绪 （个）	互动声量 （亿次）	影响力值 （亿）	报道媒体 （家）
5	曲艺	1348541	1269426	5.06	927.06	8837
6	传统体育、游艺与杂技	35272	34754	0.17	29.30	2094
7	传统美术	173279	172455	0.51	196.42	4182
8	传统技艺	1541882	1533466	6.19	1136.66	9523
9	传统医药	170362	167352	0.59	138.86	3898
10	民俗	9478565	9379600	31.94	5733.83	14855

从发文总量维度来看，民俗、传统技艺和曲艺位居前三名，十大类别的详细数据及分值如表 20 所示。

表 20　十大类别发文总量传播数据

序号	类别	发文总量（篇）	发文总量分值
1	民俗	9478565	99.80
2	传统技艺	1541882	99.10
3	曲艺	1348541	98.40
4	民间文学	208286	97.70
5	传统戏剧	203490	97.00
6	传统音乐	191168	96.30
7	传统美术	173279	95.60
8	传统医药	170362	94.90
9	传统舞蹈	163693	94.20
10	传统体育、游艺与杂技	35272	93.50

从社会情绪维度来看，民俗、传统技艺和曲艺位居前三名，十大类别的详细数据及分值如表 21 所示。

表 21　十大类别社会情绪传播数据

序号	类别名称	社会情绪（个）	社会情绪分值
1	民俗	9379600	99.80
2	传统技艺	1533466	99.10
3	曲艺	1269426	98.40
4	民间文学	205460	97.70
5	传统戏剧	201569	97.00
6	传统音乐	189929	96.30
7	传统美术	172455	95.60
8	传统医药	167352	94.90
9	传统舞蹈	162299	94.20
10	传统体育、游艺与杂技	34754	93.50

从互动声量维度来看，民俗、传统技艺和曲艺位居前三名，十大类别的详细数据及分值如表 22 所示。

表 22　十大类别互动声量传播数据

序号	类别	互动声量（亿次）	互动声量分值
1	民俗	31.94	99.80
2	传统技艺	6.19	99.10
3	曲艺	5.06	98.40
4	传统舞蹈	0.90	97.70
5	传统音乐	0.75	97.00
6	传统戏剧	0.62	96.30
7	传统医药	0.59	95.60
8	传统美术	0.51	94.90
9	民间文学	0.44	94.20
10	传统体育、游艺与杂技	0.17	93.50

从影响力值维度来看，民俗、传统技艺和曲艺位居前三名，十大类别的详细数据及分值如表 23 所示。

表 23　十大类别影响力值传播数据

序号	门类名称	影响力值（亿）	影响力得分
1	民俗	5733.83	99.80
2	传统技艺	1136.66	99.10
3	曲艺	927.06	98.40
4	传统音乐	258.29	97.70
5	传统美术	196.42	97.00
6	传统戏剧	186.82	96.30
7	传统舞蹈	179.50	95.60
8	民间文学	161.71	94.90
9	传统医药	138.86	94.20
10	传统体育、游艺与杂技	29.30	93.50

　　从报道媒体数维度来看，民俗、传统技艺和曲艺位居前三名，十大类别的详细数据及分值如表 24 所示。

表 24　十大类别报道媒体传播数据

序号	类别	报道媒体（家）	报道媒体数量分值
1	民俗	14855	99.80
2	传统技艺	9523	99.10
3	曲艺	8837	98.40
4	传统音乐	4851	97.70
5	传统舞蹈	4504	97.00
6	传统戏剧	4441	96.30
7	传统美术	4182	95.60
8	民间文学	4035	94.90
9	传统医药	3898	94.20
10	传统体育、游艺与杂技	2094	93.50

　　按照指标体系对各类别传播工作进行综合评价，民俗、传统技艺和曲艺名列前茅，十大类别的详细数据及分值如表 25 所示。

表25　各类别非遗传播数据综合分值

序号	类别	发文总量分值	社会情绪分值	互动声量分值	影响力分值	报道媒体数量分值	综合分值
1	民俗	99.80	99.80	99.80	99.80	99.80	99.80
2	传统技艺	98.60	98.60	98.60	98.60	98.60	98.60
3	曲艺	97.40	97.40	97.40	97.40	97.40	97.40
4	传统音乐	93.80	93.80	95.00	96.20	96.20	95.00
5	传统戏剧	95.00	95.00	93.80	93.80	93.80	94.15
6	传统舞蹈	90.20	90.20	96.20	92.60	95.00	93.92
7	民间文学	96.20	96.20	90.20	91.40	91.40	92.33
8	传统美术	92.60	92.60	91.40	95.00	92.60	92.27
9	传统医药	91.40	91.40	92.60	90.20	90.20	91.53
10	传统体育、游艺与杂技	89.00	89.00	89.00	89.00	89.00	89.00

　　民俗、传统技艺和曲艺类传播活力呈现明显头部效应，项目间活力值相差较大。民俗类项目因其时间分布长、人群影响大、地域辐射广，传播总量高居首位。春节、元宵节等民俗项目，具有极高的传播活力，部分少数民族民俗，亦借助互联网逐步走入民众视野，但不同民俗间因规约习俗，其地域性和民族性传播活力相对较弱。传统技艺如制茶技艺、米粉制作技艺、传统面食制作技艺和景德镇手工制瓷技艺等更是通过申遗、纪录片、互联网电商、进社区进校园等形式，向人民群众普及非遗技艺及相关产品。曲艺中相声、二人转、大鼓等近年来在各大电视台亮相，积极与新媒体跨界合作，打造曲艺综艺及晚会，这些是群众喜闻乐见的曲艺形式。但部分少数民族曲艺受限于语言、地域以及传播形式等问题，传播量相对较小。

　　传统音乐、传统戏剧、传统舞蹈、民间文学和传统美术非遗传播活力强劲。在非遗的十大类别中，这五类传播活力强劲。究其原因，一是侗族大歌、南音等传统音乐借助地区旅游、参加大型晚会等火爆出圈传播量飙升。二是戏剧表演名家名角的社会知名度高，加之近年来与各大电视台打造戏剧晚会、戏剧综艺和纪录片等，传统戏剧传播总量大，互动声量高。三是不少民族地区还保留着在节庆期间举办传统舞蹈相关活动的习俗，苗族芦笙舞、秧歌、舞狮、英歌舞等依托民俗节庆传播量大，互动声量高，群众基础好，影响力大。四是民间文学有部分与重要事件或知名人物相关联而保持着一定的活力值，因近年逐步被挖掘，在影视剧、抖音、快手等平台由网红达人进行改编演绎，传播活力进一步提升。五是传统美术融入电影、动画及游戏，一些破次元合作，有力地向当代青年群体传播非遗。六是这几类非遗项目在保护传承过程中，能够与时俱进，融入当代生活，强化活态传承，有效提升了传播活力。

传统医药和传统体育、游艺与杂技传播活力受文化生态变迁影响较大。纵观全年十大类别传播数据，传统医药和传统体育、游艺与杂技传播活力值较低。传统医药方面，大部分地区居民目前就医渠道主要是镇卫生所或县医院，传统医药类非遗的应用范围不断减少，加之传统医药跟媒体传播的链条和路径关联性相对较弱，因此该类别传播活力值持续偏低。在传统体育、游艺与杂技项目中，太极因强身健体、简单易学和场地要求不高等特点具有极高的普及度，但部分传统体育项目如杂技，因技术难度大、危险性高，其传播空间在一定程度上被压缩。

综合来看，民俗、传统技艺和曲艺类传播活力呈现明显头部效应，项目间活力值相差较大。传统音乐、传统戏剧、传统舞蹈、民间文学和传统美术非遗传播活力强劲。传统医药和传统体育、游艺与杂技传播活力受文化生态变迁等影响较大。

二、2023 年度非遗重点活动

本书按照"客观记事、突出重点、抓大放小、提纲挈领"的原则，全面梳理 2023 年度中国非遗保护工作中的重点活动。入选的事件主要根据媒体公开报道整理汇总，来源于文化和旅游部政府门户网站、各地文化和旅游厅（局）网站及各类官方网站，中央重点新闻媒体及各省官方媒体中有关非遗活动事件的报道。除了全面梳理年度非遗事件外，还通过中国文化传媒集团"中传云"以及其他大数据手段，从网媒、纸媒、论坛、博客、微博、微信、客户端等信息渠道进行了信息采集，加之由快手、抖音提供的非遗活动、非遗传承人、非遗相关直播等数据，对非遗事件相关新闻报道的数量进行了统计，全方位、立体性、多角度地呈现所收录非遗事件的传播情况和影响力。汇编过程中，注重选取成绩显著、社会影响广泛的代表性的重大活动，深入总结非遗保护领域的创新性探索思路和做法，广泛吸收对全国非遗保护传承具有示范效应的典型工作经验，积极引导全社会参与非遗保护传承，营造"见人见物见生活"的浓厚氛围。此次重点活动内容涵盖文化和旅游部、全国各地政府和各级主管部门以及行业相关单位与非遗相关的重大事件，共计303件。采用2023年度非遗传播指标体系进行传播综合计算，依据传播数据和分值得出2023年度"特别致敬非遗活动"10项，2023年度"最具传播影响力非遗活动"20项。

（一）特别致敬非遗活动

为突出国家部委、省级人民政府主办非遗活动的重要影响力，彰显其重要性和指导性，特将此类活动单独归类，设置年度"特别致敬非遗活动"列表。列表以国家部委、省级人民政府2023年度主办的丰富多样的非遗活动为监测对象，以全年非遗传播大数据为基本依据，综合媒体报道量、网民互动量、信息声量等维度进行排序，参考重要性、典型性、创新性等因素，各项活动开源数据排列前十位如表26所示（该表格按活动发生时间顺序进行排序）。

表26　特别致敬非遗活动开源传播数据统计

序号	事件	发生时间	发文总量（篇）	社会情绪（个）	互动声量（次）	影响力值（亿）	报道媒体（家）
1	2023非遗品牌大会	3月	4455	4421	4017500	6.90	460
2	"茶和天下"·雅集活动	5月	1257	1241	2257500	1.66	177
3	"国际茶日"系列活动	5月	4854	3135	4390900	1.88	235
4	"文化和自然遗产日"非遗宣传展示活动	6月	109119	108062	52584300	112.29	3429
5	2023全国非遗曲艺周	6月	9754	9633	5985100	14.32	748
6	2023年"根与魂——海南省非物质文化遗产展演"走进澳门	7月	2069	2069	5234300	2.16	764
7	2023"新疆是个好地方"对口援疆19省市非物质文化遗产展	8月	823	823	212000	27.40	143
8	"大美非遗，和合天下"首届北京国际非遗周	10月	8806	8784	7213400	23.72	549
9	第八届中国成都国际非物质文化遗产节	10月	36392	36294	30313200	83.67	1560
10	第十届中国京剧艺术节	12月	1106	1106	443600	4.53	97

从发文总量维度来看,"文化和自然遗产日"非遗宣传展示活动、第八届中国成都国际非物质文化遗产节和2023全国非遗曲艺周位居前三名,各项活动的详细数据及分值前十位如表27所示。

表27　特别致敬非遗活动发文总量传播数据

序号	事件	发生时间	发文总量(篇)	发文总量分值
1	"文化和自然遗产日"非遗宣传展示活动	6月	109119	99.8
2	第八届中国成都国际非物质文化遗产节	10月	36392	99.1
3	2023全国非遗曲艺周	6月	9754	98.4
4	"大美非遗,和合天下"首届北京国际非遗周	10月	8806	97.7
5	"国际茶日"系列活动	5月	4854	97.0
6	2023非遗品牌大会	3月	4455	96.3
7	2023年"根与魂——海南省非物质文化遗产展演"走进澳门	7月	2069	95.6
8	"茶和天下"·雅集活动	5月	1257	94.9
9	第十届中国京剧艺术节	12月	1106	94.2
10	2023"新疆是个好地方"对口援疆19省市非物质文化遗产展	8月	823	93.5

从社会情绪维度来看,"文化和自然遗产日"非遗宣传展示活动、第八届中国成都国际非物质文化遗产节和2023全国非遗曲艺周位居前三名,各项活动的详细数据及分值前十位如表28所示。

表28　特别致敬非遗活动社会情绪传播数据

序号	事件	发生时间	社会情绪(个)	社会情绪分值
1	"文化和自然遗产日"非遗宣传展示活动	6月	108062	99.8
2	第八届中国成都国际非物质文化遗产节	10月	36294	99.1
3	2023全国非遗曲艺周	6月	9633	98.4
4	"大美非遗,和合天下"首届北京国际非遗周	10月	8784	97.7
5	2023非遗品牌大会	3月	4421	97.0
6	"国际茶日"系列活动	5月	3135	96.3

序号	事件	发生时间	社会情绪（个）	社会情绪分值
7	2023年"根与魂——海南省非物质文化遗产展演"走进澳门	7月	2069	95.6
8	"茶和天下"·雅集活动	5月	1241	94.9
9	第十届中国京剧艺术节	12月	1106	94.2
10	2023"新疆是个好地方"对口援疆19省市非物质文化遗产展	8月	823	93.5

从互动声量维度来看，"文化和自然遗产日"非遗宣传展示活动、第八届中国成都国际非物质文化遗产节和"大美非遗，和合天下"首届北京国际非遗周位居前三名，各项活动的详细数据及分值前十位如表29所示。

表29　特别致敬非遗活动互动声量传播数据

序号	事件	发生时间	互动声量（次）	互动声量分值
1	"文化和自然遗产日"非遗宣传展示活动	6月	52584300	99.8
2	第八届中国成都国际非物质文化遗产节	10月	30313200	99.1
3	"大美非遗，和合天下"首届北京国际非遗周	10月	7213400	98.4
4	2023全国非遗曲艺周	6月	5985100	97.7
5	2023年"根与魂——海南省非物质文化遗产展演"走进澳门	7月	5234300	97.0
6	"国际茶日"系列活动	5月	4390900	96.3
7	2023非遗品牌大会	3月	4017500	95.6
8	"茶和天下"·雅集活动	5月	2257500	94.9
9	第十届中国京剧艺术节	12月	443600	93.5
10	2023"新疆是个好地方"对口援疆19省市非物质文化遗产展	8月	212000	92.8

从影响力维度来看，"文化和自然遗产日"非遗宣传展示活动、第八届中国成都国际非物质文化遗产节和2023"新疆是个好地方"对口援疆19省市非物质文化遗产展位居前三名，各项活动的详细数据及分值前十位如表30所示。

表 30　特别致敬非遗活动影响力传播数据

序号	事件	发生时间	影响力值（亿）	影响力值分值
1	"文化和自然遗产日"非遗宣传展示活动	6 月	112.29	99.8
2	第八届中国成都国际非物质文化遗产节	10 月	83.67	99.1
3	2023 "新疆是个好地方"对口援疆 19 省市非物质文化遗产展	8 月	27.40	98.4
4	"大美非遗，和合天下"首届北京国际非遗周	10 月	23.72	97.7
5	2023 全国非遗曲艺周	6 月	14.32	97.0
6	2023 非遗品牌大会	3 月	6.90	96.3
7	第十届中国京剧艺术节	12 月	4.53	95.6
8	2023 年"根与魂——海南省非物质文化遗产展演"走进澳门	7 月	2.16	94.9
9	"国际茶日"系列活动	5 月	1.88	94.2
10	"茶和天下"·雅集活动	5 月	1.66	93.5

从报道媒体数量维度来看，"文化和自然遗产日"非遗宣传展示活动、第八届中国成都国际非物质文化遗产节和 2023 年"根与魂——海南省非物质文化遗产展演"走进澳门位居前三名，各项活动的详细数据及分值前十位如表 31 所示。

表 31　特别致敬非遗活动报道媒体数量传播数据

序号	事件	发生时间	报道媒体（家）	报道媒体数量分值
1	"文化和自然遗产日"非遗宣传展示活动	6 月	3429	99.8
2	第八届中国成都国际非物质文化遗产节	10 月	1560	99.1
3	2023 年"根与魂——海南省非物质文化遗产展演"走进澳门	7 月	764	98.4
4	2023 全国非遗曲艺周	6 月	748	97.7
5	"大美非遗，和合天下"首届北京国际非遗周	10 月	549	97.0
6	2023 非遗品牌大会	3 月	460	96.3
7	"国际茶日"系列活动	5 月	235	95.6
8	"茶和天下"·雅集活动	5 月	177	94.9
9	2023 "新疆是个好地方"对口援疆 19 省市非物质文化遗产展	8 月	143	93.5
10	第十届中国京剧艺术节	12 月	97	92.8

按照指标体系对特别致敬非遗活动的传播工作进行综合计算，各项活动的详细数据及分值前十位如表32所示。

表32　非遗传播数据综合分值

序号	事件	发生时间	发文总量分值	社会情绪分值	互动声量分值	影响力值分值	报道媒体数量分值	综合分值
1	"文化和自然遗产日"非遗宣传展示活动	6月	99.8	99.8	99.8	99.8	99.8	99.80
2	第八届中国成都国际非物质文化遗产节	10月	99.1	99.1	99.1	99.1	99.1	99.10
3	2023全国非遗曲艺周	6月	98.4	98.4	97.7	97.0	97.7	97.86
4	"大美非遗，和合天下"首届北京国际非遗周	10月	97.7	97.7	98.4	97.7	97.0	97.82
5	2023年"根与魂——海南省非物质文化遗产展演"走进澳门	7月	95.6	95.6	97	94.9	98.4	96.78
6	"国际茶日"系列活动	5月	97.0	96.3	96.3	94.2	95.6	96.17
7	2023非遗品牌大会	3月	96.3	97.0	95.6	96.3	96.3	96.06
8	"茶和天下"·雅集活动	5月	94.9	94.9	94.9	93.5	94.9	94.81
9	第十届中国京剧艺术节	12月	94.2	94.2	93.5	95.6	92.8	93.68
10	2023"新疆是个好地方"对口援疆19省市非物质文化遗产展	8月	93.5	93.5	92.8	98.4	93.5	93.53

（二）最具传播影响力非遗活动

为充分展示非遗传播活动的丰富性、多样性、代表性，将除国家部委、省级人民政府主办的非遗活动之外，对各地、各机构主办的活动进行大数据采集，设置年度"最具传播影响力非遗活动"列表，列表以全国各地、各机构在2023年度主办的丰富多样的非遗活动为监测对象，以全年非遗传播大数据为基本依据，综合媒体报道量、网民互动量、信息声量等维度进行排序，参考重要性、典型性、创新性等因素，其开源数据排列前二十位如表33所示。

表 33　最具传播影响力非遗活动开源传播数据统计

序号	事件	发生时间	发文总量（篇）	社会情绪（个）	互动声量（次）	影响力值（亿）	报道媒体（家）
1	首届中国非物质文化遗产保护年会	2 月	27878	26896	14194400	70.440	1052
2	第六届中国非物质文化遗产传统技艺大展	11 月	4015	4004	14154200	1.369	513
3	2023 年"壮族三月三·八桂嘉年华"活动	4 月	9710	9613	7268700	11.790	468
4	2023 海南锦绣世界文化周非物质文化遗产传统织绣印染技艺项目精品展	4 月	2373	2367	7767500	3.660	604
5	第二届黑龙江冰雪非遗周	1 月	4070	3931	3851300	7.910	502
6	中国—东盟（南宁）非物质文化遗产周	4 月	2348	2328	2066700	2.720	241
7	2023 第二届黄河流域戏曲演出季活动	7 月	951	951	1154100	1.020	157
8	2023 中国大运河非遗旅游大会暨惠山泥人文化艺术节	10 月	2549	2549	294900	1.640	192
9	广东省非物质文化遗产展示系列活动暨 2023 茶园游会	5 月	1040	1040	924000	1.180	114
10	2022 全国非遗特色旅游线路发布	9 月	1102	1095	399200	1.270	211
11	第二届非遗数字论坛	7 月	892	892	635000	1.900	160
12	第三届中国丹寨非遗周	7 月	860	856	2402800	0.521	78
13	非遗与旅游融合发展工作现场交流活动	4 月	769	764	171300	1.470	107
14	黄河之滨也很美——黄河流域非物质文化遗产论坛	9 月	558	556	443000	0.368	126
15	2023 中国客家非遗大会	12 月	806	802	51000	2.790	70
16	青海湖音乐节·第二十届西北五省（区）"花儿"演唱会	7 月	502	502	145300	0.316	94
17	"齐聚文都　多彩非遗"东亚文化之都城市特色非遗展示活动	9 月	455	455	56200	0.225	45
18	2023 粤港澳大湾区非物质文化遗产交流大会	10 月	603	602	11300	0.268	96
19	2023 年第三届"长城脚下话非遗"活动	9 月	143	142	809000	0.419	22
20	2023 年第二届苏陕非遗消费年暨苏陕非遗文创产品联展联销活动	8 月	214	214	48700	0.033	51

中国非物质文化遗产传播蓝皮书2024

从发文总量维度来看，首届中国非物质文化遗产保护年会、2023年"壮族三月三·八桂嘉年华"活动和第二届黑龙江冰雪非遗周位居前三名，各项活动的详细数据及分值前二十位如表34所示。

表34 最具传播影响力非遗活动发文总量传播数据表

序号	事件	发生时间	发文总量（篇）	发文总量分值
1	首届中国非物质文化遗产保护年会	2月	27878	99.8
2	2023年"壮族三月三·八桂嘉年华"活动	4月	9710	99.1
3	第二届黑龙江冰雪非遗周	1月	4070	98.4
4	第六届中国非物质文化遗产传统技艺大展	11月	4015	97.7
5	2023中国大运河非遗旅游大会暨惠山泥人文化艺术节	10月	2549	97.0
6	2023海南锦绣世界文化周非物质文化遗产传统织绣印染技艺项目精品展	4月	2373	96.3
7	中国—东盟（南宁）非物质文化遗产周	4月	2348	95.6
8	2022全国非遗特色旅游线路发布	9月	1102	94.9
9	广东省非物质文化遗产展示系列活动暨2023茶园游会	5月	1040	94.2
10	2023第二届黄河流域戏曲演出季活动	7月	951	93.5
11	第二届非遗数字论坛	7月	892	92.8
12	第三届中国丹寨非遗周	7月	860	92.1
13	2023中国客家非遗大会	12月	806	91.4
14	非遗与旅游融合发展工作现场交流活动	4月	769	90.7
15	第二届"一带一路"全球外交官非遗文化交流论坛	1月	629	90.0
16	"赏非遗 品美食"河南非遗美食打卡赛	10月	615	89.3
17	2023粤港澳大湾区非物质文化遗产交流大会	10月	603	88.6
18	黄河之滨也很美——黄河流域非物质文化遗产论坛	9月	558	87.2
19	青海湖音乐节·第二十届西北五省（区）"花儿"演唱会	7月	502	86.5
20	"齐聚文都 多彩非遗"东亚文化之都城市特色非遗展示活动	9月	455	85.8

从社会情绪维度来看，首届中国非物质文化遗产保护年会、2023 年"壮族三月三·八桂嘉年华"活动和第六届中国非物质文化遗产传统技艺大展位居前三名，各项活动的详细数据及分值前二十位如表 35 所示。

表 35　最具传播影响力非遗活动社会情绪传播数据

序号	事件	发生时间	社会情绪（个）	社会情绪分值
1	首届中国非物质文化遗产保护年会	2 月	26896	99.8
2	2023 年"壮族三月三·八桂嘉年华"活动	4 月	9613	99.1
3	第六届中国非物质文化遗产传统技艺大展	11 月	4004	98.4
4	第二届黑龙江冰雪非遗周	1 月	3931	97.7
5	2023 中国大运河非遗旅游大会暨惠山泥人文化艺术节	10 月	2549	97.0
6	2023 海南锦绣世界文化周非物质文化遗产传统织绣印染技艺项目精品展	4 月	2367	96.3
7	中国—东盟（南宁）非物质文化遗产周	4 月	2328	95.6
8	2022 全国非遗特色旅游线路发布	9 月	1095	94.9
9	广东省非物质文化遗产展示系列活动暨 2023 茶园游会	5 月	1040	94.2
10	2023 第二届黄河流域戏曲演出季活动	7 月	951	93.5
11	第二届非遗数字论坛	7 月	892	92.8
12	第三届中国丹寨非遗周	7 月	856	92.1
13	2023 中国客家非遗大会	12 月	802	91.4
14	非遗与旅游融合发展工作现场交流活动	4 月	764	90.7
15	第二届"一带一路"全球外交官非遗文化交流论坛	1 月	627	90.0
16	2023 粤港澳大湾区非物质文化遗产交流大会	10 月	602	88.6
17	黄河之滨也很美——黄河流域非物质文化遗产论坛	9 月	556	87.2
18	青海湖音乐节·第二十届西北五省（区）"花儿"演唱会	7 月	502	86.5
19	"齐聚文都　多彩非遗"东亚文化之都城市特色非遗展示活动	9 月	455	85.8
20	首届中俄非物质文化遗产展览展销会	8 月	294	83

从互动声量维度来看，首届中国非物质文化遗产保护年会、第六届中国非物质文化遗产传统技艺大展和2023海南锦绣世界文化周非物质文化遗产传统织绣印染技艺项目精品展位居前三名，各项活动的详细数据及分值前二十位如表36所示。

表36　最具传播影响力非遗活动互动声量传播数据

序号	事件	发生时间	互动声量（次）	互动声量分值
1	首届中国非物质文化遗产保护年会	2月	14194400	99.8
2	第六届中国非物质文化遗产传统技艺大展	11月	14154200	99.1
3	2023海南锦绣世界文化周非物质文化遗产传统织绣印染技艺项目精品展	4月	7767500	98.4
4	2023年"壮族三月三·八桂嘉年华"活动	4月	7268700	97.7
5	第二届黑龙江冰雪非遗周	1月	3851300	97.0
6	第三届中国丹寨非遗周	7月	2402800	96.3
7	中国—东盟（南宁）非物质文化遗产周	4月	2066700	95.6
8	2023第二届黄河流域戏曲演出季活动	7月	1154100	94.2
9	广东省非物质文化遗产展示系列活动暨2023茶园游会	5月	924000	93.5
10	2023年第三届"长城脚下话非遗"活动	9月	809000	92.8
11	第二届非遗数字论坛	7月	635000	92.1
12	黄河之滨也很美——黄河流域非物质文化遗产论坛	9月	443000	91.4
13	2022全国非遗特色旅游线路发布	9月	399200	90.7
14	2023中国大运河非遗旅游大会暨惠山泥人文化艺术节	10月	294900	90.0
15	非遗与旅游融合发展工作现场交流活动	4月	171300	89.3
16	青海湖音乐节·第二十届西北五省（区）"花儿"演唱会	7月	145300	88.6
17	"齐聚文都　多彩非遗"东亚文化之都城市特色非遗展示活动	9月	56200	87.2
18	2023中国客家非遗大会	12月	51000	86.5
19	2023年第二届苏陕非遗消费年暨苏陕非遗文创产品联展联销活动	8月	48700	85.8
20	"乐见非遗"音乐大赛	7月	29500	85.1

从影响力维度来看，首届中国非物质文化遗产保护年会、2023 年"壮族三月三·八桂嘉年华"活动和第二届黑龙江冰雪非遗周位居前三名，各项活动的详细数据及分值前二十位如表 37 所示。

表 37　最具传播影响力非遗活动影响力传播数据

序号	事件	发生时间	影响力值（亿）	影响力值分值
1	首届中国非物质文化遗产保护年会	2 月	70.440	99.8
2	2023 年"壮族三月三·八桂嘉年华"活动	4 月	11.790	99.1
3	第二届黑龙江冰雪非遗周	1 月	7.910	98.4
4	2023 海南锦绣世界文化周非物质文化遗产传统织绣印染技艺项目精品展	4 月	3.660	97.7
5	2023 中国客家非遗大会	12 月	2.790	97.0
6	中国—东盟（南宁）非物质文化遗产周	4 月	2.720	96.3
7	第二届非遗数字论坛	7 月	1.900	94.9
8	2023 中国大运河非遗旅游大会暨惠山泥人文化艺术节	10 月	1.640	94.2
9	非遗与旅游融合发展工作现场交流活动	4 月	1.470	93.5
10	第六届中国非物质文化遗产传统技艺大展	11 月	1.369	92.8
11	2022 全国非遗特色旅游线路发布	9 月	1.270	92.1
12	广东省非物质文化遗产展示系列活动暨 2023 茶园游会	5 月	1.180	91.4
13	2023 第二届黄河流域戏曲演出季活动	7 月	1.020	90.7
14	第三届中国丹寨非遗周	7 月	0.521	89.3
15	"乐见非遗"音乐大赛	7 月	0.490	88.6
16	2023 年第三届"长城脚下话非遗"活动	9 月	0.419	87.2
17	黄河之滨也很美——黄河流域非物质文化遗产论坛	9 月	0.368	85.8
18	首届中俄非物质文化遗产展览展销会	8 月	0.360	85.1
19	青海湖音乐节·第二十届西北五省（区）"花儿"演唱会	7 月	0.316	84.4
20	2023 粤港澳大湾区非物质文化遗产交流大会	10 月	0.268	83.7

从报道媒体数量维度来看，首届中国非物质文化遗产保护年会、2023 海南锦绣世界文化周非物质文化遗产传统织绣印染技艺项目精品展和第六届中国非物质文化遗产传统技艺大展位居前三名，各项活动的详细数据及分值前二十位如表 38 所示。

表 38　最具传播影响力非遗活动报道媒体数量传播数据

序号	事件	发生时间	报道媒体（家）	报道媒体数量分值
1	首届中国非物质文化遗产保护年会	2 月	1052	99.8
2	2023 海南锦绣世界文化周非物质文化遗产传统织绣印染技艺项目精品展	4 月	604	99.1
3	第六届中国非物质文化遗产传统技艺大展	11 月	513	98.4
4	第二届黑龙江冰雪非遗周	1 月	502	97.7
5	2023 年"壮族三月三·八桂嘉年华"活动	4 月	468	97.0
6	中国—东盟（南宁）非物质文化遗产周	4 月	241	96.3
7	2022 全国非遗特色旅游线路发布	9 月	211	95.6
8	2023 中国大运河非遗旅游大会暨惠山泥人文化艺术节	10 月	192	94.9
9	第二届非遗数字论坛	7 月	160	94.2
10	2023 第二届黄河流域戏曲演出季活动	7 月	157	93.5
11	黄河之滨也很美——黄河流域非物质文化遗产论坛	9 月	126	92.8
12	广东省非物质文化遗产展示系列活动暨 2023 茶园游会	5 月	114	92.1
13	非遗与旅游融合发展工作现场交流活动	4 月	107	91.4
14	2023 粤港澳大湾区非物质文化遗产交流大会	10 月	96	90.7
15	青海湖音乐节·第二十届西北五省（区）"花儿"演唱会	7 月	94	90.0
16	第三届中国丹寨非遗周	7 月	78	89.3
17	2023 中国客家非遗大会	12 月	70	87.9
18	"非遗融入现代生活"现场交流活动	2 月	61	86.5
19	第二届"一带一路"全球外交官非遗文化交流论坛	1 月	52	84.4
20	2023 年第二届苏陕非遗消费年暨苏陕非遗文创产品联展联销活动	8 月	51	83.7

　　按照指标体系对最具传播影响力非遗活动的传播工作进行综合计算，各项活动的详细数据及分值前二十位如表 39 所示。

表 39　最具传播影响力非遗活动传播综合分值表

序号	事件	发生时间	发文总量分值	社会情绪分值	互动声量分值	影响力值分值	报道媒体数量分值	综合分值
1	首届中国非物质文化遗产保护年会	2 月	99.8	99.8	99.8	99.8	99.80	99.80
2	第六届中国非物质文化遗产传统技艺大展	11 月	97.7	98.4	99.1	92.8	98.40	98.16
3	2023 年"壮族三月三·八桂嘉年华"活动	4 月	99.1	99.1	97.7	99.1	97.00	98.04
4	2023 海南锦绣世界文化周非物质文化遗产传统织绣印染技艺项目精品展	4 月	96.3	96.3	98.4	97.7	99.10	97.90
5	第二届黑龙江冰雪非遗周	1 月	98.4	97.7	97.0	98.4	97.70	97.63
6	中国—东盟（南宁）非物质文化遗产周	4 月	95.6	95.6	95.6	96.3	96.30	95.81
7	2023 第二届黄河流域戏曲演出季活动	7 月	93.5	93.5	94.2	90.7	93.50	93.61
8	2023 中国大运河非遗旅游大会暨惠山泥人文化艺术节	10 月	97.0	97.0	90.0	94.2	94.90	93.49
9	广东省非物质文化遗产展示系列活动暨 2023 茶园游会	5 月	94.2	94.2	93.5	91.4	92.10	93.24
10	2022 全国非遗特色旅游线路发布	9 月	94.9	94.9	90.7	92.1	95.60	93.18
11	第二届非遗数字论坛	7 月	92.8	92.8	92.1	94.9	94.20	92.98
12	第三届中国丹寨非遗周	7 月	92.1	92.1	96.3	89.3	89.30	92.97
13	非遗与旅游融合发展工作现场交流活动	4 月	90.7	90.7	89.3	93.5	91.40	90.48
14	黄河之滨也很美——黄河流域非物质文化遗产论坛	9 月	87.2	87.2	91.4	85.8	92.80	90.13
15	2023 中国客家非遗大会	12 月	91.4	91.4	86.5	97.0	87.90	88.95
16	青海湖音乐节·第二十届西北五省（区）"花儿"演唱会	7 月	86.5	86.5	88.6	84.4	90.00	88.04
17	"齐聚文都　多彩非遗"东亚文化之都城市特色非遗展示活动	9 月	85.8	85.8	87.2	82.3	82.30	85.32
18	2023 粤港澳大湾区非物质文化遗产交流大会	10 月	88.6	88.6	78.1	83.7	90.70	84.52
19	2023 年第三届"长城脚下话非遗"活动	9 月	78.1	77.4	92.8	87.2	77.40	84.44
20	2023 年第二届苏陕非遗消费年暨苏陕非遗文创产品联展联销活动	8 月	80.2	80.2	85.8	75.3	83.70	82.98

三、2023 年度非遗传播特点

2023 年，非遗传播重点活动以线上线下方式同步开展。从新媒体传播来看，各级非遗主管部门积极探索利用线上线下平台传播非遗，积极推动非遗在全社会的普及。非遗传承人主动探索利用抖音、快手等短视频平台传播非遗技艺，成功吸引更多年轻受众，推动非遗受众群体逐渐呈现低龄化特点。从非遗活动举办主体来看，全国各类非遗传播活动以政府牵头组织为主，非遗保护单位、行业组织、市场主体、各类媒体持续释放活力，有效提升非遗传播活力。从节庆非遗活动来看，民俗节庆广受群众追捧，成为非遗践行"见人见物见生活"理念的重要窗口。从非遗类别情况来看，传统戏剧类、曲艺类等与大众日常生活密切相关的非遗项目传播活力值较高，传统体育、游艺与杂技类，传统医药类等相对冷门非遗项目开发潜力大，得益于国家重大战略和政策文件的实施，部分冷门非遗项目正逐渐从小众走向大众。各地还通过拓展"非遗+"模式，积极探索非遗与其他领域双向赋能的新路径并取得积极效果。

综合而言，2023 年度非遗事业得到了全社会热切关注和广泛参与，各项工作蓬勃有序开展。全年非遗传播实现新突破，再创新高，总体呈现出以下特点。

（一）非遗传播彰显"见人见物见生活"保护理念

近年来，在非遗主管部门大力支持下，各地以宣传展示活动、线上展演、短视频、网络直播、非遗技艺体验、文创开发、电商销售等多种方式，大力推动非遗传播，不断推动中华优秀传统文化融入现代生活，持续彰显"见人见物见生活"保护理念，不断增强群众对非遗的参与感、获得感、认同感。

一是各级政府组织举办多场大型活动，线上线下结合多措并举，群众喜闻乐见，有效提升传播。2023 年年初，文化和旅游部统筹各地在春节期间组织开展非遗传承实践相关活动，支持与春节相关的各级非遗代表性项目全面开展非遗传承实践相关活动；支持各地依托丰富非遗资源广泛开展非遗传承实践和为民服务活动。2000 余项省级及以上与春节相关的非遗代表性项目按照传统定期举办活动，全国各地举办 1.2 万余场线上线下非遗传承实践活动，让人民群众在活动中感受中华优秀传统文化之美，共享文化建设成果、同过红火中国新年。春节期间的非遗宣传展示活动，有效拉升了非遗传播活力，当月传播活力达全年峰值。2 月 16～20 日，首届中国非物质文化遗产保护年会在陕西榆林举办。年会由文化和旅游部指导，中国非物质文化遗产保护协会主办，陕西省文化和旅游厅、榆林市人民政府联合主办，抖音深度参与。来自陕西、山东、河南、四川等地近 200 个非遗项目、500 余位非遗传承人带来各地的非遗美食、非遗风情、非遗产品以及传统技艺，共同展示了非遗的时代价值和魅力。"文化和自然遗产日"前后及 8 月，一系列官方举办的非遗宣传展示活动遍地开花，6 月和 8 月各平台非遗传播数量达到全年最高。10 月，第八届中国成都国际非物质文化遗产节共有来自国内和全球 47 个国家（地区）的 900 多个非遗项目、1800 余名传统工艺传承人、3000 余名传统表演人员和 1800 余名中外嘉宾共同参加，活动举办地四川及其相关项目的传播数据激增，充分体现出官方活动对非遗传播的主导作用。

二是线上活动成为常态方式，线上平台持续成为非遗传播重要平台。在中央层面，2023 年春节期间，文化和旅游部非物质文化遗产司主办，中国演出行业协会协办，快手、抖音、微博、酷狗等网络平台参与的"文化进万家——视频直播家乡年"活动，以线上形式支持各地以系列短视频、直播等方式，为大众送去春节文化大餐，温暖了千家万户。数据显示，"文化进万家——视频直播家乡年"活动在全网实现传播总量超过 3.7 亿次。由文化和旅游部非物质文化遗产司指导，中国非物质文化遗产保护协会主办，阿里巴巴集团、人民优选联合承办的"非遗兔年大集"活动，将传统文化和数字技术进行深度融合，通过线上和线下的密切互动，烘托出浓浓的年味。其中，活动通过天猫超市专属会场、聚划算年货大街、"百亿补贴"专场直播等线上形式，让消费者买到非遗好物、品尝非遗美味、体验非遗技艺。"文化和自然遗产日"期间，中国演出行业协会联合腾讯视频、爱奇艺、优酷、抖音、快手、哔哩哔哩、酷狗、微博 8 家网络平台共同举办"云游非遗·影像展"，汇集各类非遗影像资源进行公益性展播，让非遗保护成果惠益人民群众。此外，各地非遗主管部门、非遗保护中心、文化场馆等，组织开展了"非遗美食直播""非遗戏曲直播"等多个线上系列主题活动，取得了较好的效果。相关线上直播活动，探索了"非遗 + 互联网"的跨界融合路径，让更多人走近非遗、了解非遗、爱上非遗、传承非遗，践行了"见人见物见生活"的发展理念，推进了非遗的社会普及。

三是"五进"活动在全国各地持续开展，优秀案例层出不穷。2023 年各地围绕"非遗 +"，积极开展非遗"五进"活动，以多种形式构建传播网络，拉近非遗与群众距离，更好地形成全社会共同保护和传承非遗的浓厚氛围。其中，各地开展的"非遗进校园进课堂"活动，取得积极成效。在基础教育阶段，"非遗进校园"活动成为青少年了解中华优秀传统文化的重要窗口；高等教育方面，2023年，在教育部支持下，全国普通高等学校新增"非物质文化遗产保护"专业实现新突破，非遗相关学科建设取得积极成果。同时，2023年1月，由文化和旅游部非物质文化遗产司支持指导，中国青年报主办、中国青年网承办的2021年"非遗进校园"实践案例征集展示活动入选案例名单正式发布。征集活动共征集到27个省、区、市申报的有效案例近800个，案例涉及传统音乐、传统技艺、传统戏剧、曲艺、传统医药、传统舞蹈、民俗等多个非遗门类。通过构建"五进"传播网络，有效拉近了非遗与大众生活的距离，一方面满足了群众对美好生活的精神文化需要，另一方面也有助于非遗的活态传承。

四是非遗购物节等活动成功举办，非遗项目在电商平台传播活跃度高。2023年"非遗购物节"组织7500多家非遗店铺参与，涉及非遗项目4000多项，覆盖334个脱贫县的1480余家非遗店铺、65个国家乡村振兴重点帮扶县的230余家非遗店铺，吸引各大网络电商平台参与。这些融入时代气息、走进日常生活的非遗，与大众娱乐、审美需求十分贴近，因此在大众中受认可和欢迎程度较高，有效提升了相关非遗项目和传承人的传播活力。

（二）非遗传播活力与当地经济发展水平正相关

地方经济的发展程度是非遗传播的活力强度的一个关键影响因素。从非遗活力值区域分布情况来看，经济相对较为发达的整个东部地区全年持续保持非遗传播活力值高位，北京、上海等市高居非遗传播活力值前列。随着西部城市的经济崛起，成都、重庆和西安等地非遗项目带火多个网红景点，助力其成为热门旅游目的地。从各个地区的非遗资源分布来看，西部部分地区是地域性、民族性表现明显的非遗资源富矿，但其非遗传播数据相对落后。

（三）节庆民俗活动成为非遗传播的重要方式

近年来，每年春节、端午、清明、中秋等传统文化节日期间，越来越多的节庆文化活动吸引着人们的目光，成为传统民俗文化集中展现的平台。各类非遗项目深度参与节庆民俗活动，既增强了节庆的氛围，又推动了非遗传播。2023年数据显示，元旦、春节、元宵节所在的1月和2月，非遗传播数据位居全年前列，尤其1月的传播活力值更是遥遥领先。此外，少数民族地区欢度民族节日时，举办了丰富多彩的民俗活动，呈现出浓厚的民族特色，为民俗类非遗展览展示和传播提供了平台。4月和8月，分别适逢"壮族三月三"和蒙古族传统节日"那达慕"大会，广西举办了"壮族三月三·八桂嘉年华"文化旅游消费品牌活动，内蒙古多个地方举办了摔跤、赛马、歌舞表演等那达慕庆祝活动，有效推动广西、内蒙古两地和民俗节庆相关的非遗传播。此外，望果节期间，西藏各地通过祈福、赛马、看藏戏等民俗活动欢庆丰收；彝族年期间，凉山彝族自治州17县的彝族民众身着民族服饰，开展杀年猪等年俗活动庆祝彝族年。从各地在节庆时间开展非遗展演展示的效果看，回归传统的方式让群众对传统文化、民族文化更加重视，群众在欢乐的氛围中参与到非遗保护传承中来，也为非遗融入日常生活提供了重要契机。

（四）数字技术成为助推非遗传播的重要保障

近年来，随着移动互联网技术日趋成熟并逐步运用到社会生活各个领域中，数字技术在非遗保护传承中的作用日益凸显，非遗保护传承的数字化趋势日益明显。

一方面，数字技术创新了传播渠道和内容，实现更好的非遗传播效果。短视频、直播等新的数字传播方式，有效拓展了非遗传播的渠道，创新了传播形式，丰富了传播内容类型。随着非遗传播渠道多样化，网络直播带货成为非遗相关商品的重要销售渠道，该方式使非遗传承人、非遗商家与十亿量级消费者实现直接连接，更广泛、更精准触达消费者，提升商品销售转化率。另一方面，数字技术改进了非遗保护传承的工作方式。通过数字技术记录了即将消亡的非遗项目，建立数字档案，规范了非遗项目的管理。同时，数字技术通过信息采集，实现线上博物馆、沉浸式体验等多重感官刺激的非遗体验，改变原有的线下传播方式，通过线上直播、沉浸式体验等让人足不出户即可领略非遗风采。综观全年，2023年传播数据较高的1月、6月和11月等月份的非遗传播活动，都离不开数字技术的赋能。各类优秀非遗项目通过线上展播、直播互动、互动讨论等方式触达更多人群。

同时，非遗传承人主动探索利用抖音、快手等短视频平台传播非遗。2023年，非遗传承人积极利用短视频和直播的形式向大众展示非遗技艺，促进了非遗项目在大众特别是年轻群体中的普及。例如，2023年1月12日，抖音直播举办传统文化专场晚会"古韵新生·华彩传承"，晚会表演涵盖了20多个非遗项目，来自音乐、舞蹈、戏剧、曲艺等多个领域的抖音主播携手凤凰传奇、龚琳娜等艺人，进行民歌与中国舞、戏曲与流行乐的跨界表演,展现了古老非遗焕发的时代光彩。数据显示,超过 3588 万人在线观看晚会直播。非遗传承人通过短视频等新媒体平台开展的传播,有效增加了非遗在网络中的曝光度,推动受众年轻化。

（五）政府牵头组织为主,多元主体持续释放活力

2023 年度传播热度分值较高的非遗活动,主要为非遗主管部门组织开展的非遗展览展示、文艺汇演、非遗展演、文博会等活动。文化和旅游部组织开展了"文化和自然遗产日"非遗宣传展示活动、非遗购物节、成都国际非遗节等重大非遗活动,全国各地举办了非遗节目展演、作品展览、技艺展示、产品展销等活动,充分体现出官方组织的宣传展示活动成为推动非遗传播的主导方式。数据显示,非遗主管部门组织开展的全国性非遗宣传展示活动,有效推动了非遗传播。1 月,由文化和旅游部组织的"非遗过大年·文化进万家",在全网掀起非遗传播热潮。6 月,"文化和自然遗产日"前后,文化和旅游部组织了"云游非遗·影像展""非遗购物节"等重点活动,全国各省（区、市）举办了 9100 多项非遗宣传展示活动,有效提升了非遗传播活力。

同时,在"非遗兔年大集""文化进万家——视频直播家乡年""非遗购物节"等活动中,中国非物质文化遗产保护协会等行业组织,各级非遗传承人,淘宝天猫、京东,抖音、快手等市场行业主体均贡献了各自的力量,有效推动了非遗的活态传承、社会传播和全民共享。

此外,行业组织、市场主体还积极投身非遗实践、研学、"五进"活动,在促进非遗保护和活态传承中持续释放自身活力。

（六）非遗老字号企业成为国潮传播的生力军

作为国潮传播的生力军,非遗老字号企业通过多种途径,开拓新的营销渠道,在不断增强老字号企业影响力的同时有效提升非遗传播活力。

一是利用新媒体更新营销模式。不少老字号企业一改往日单一陈旧的营销模式,通过线下展会、线上直播、短视频等方式,创新性地进行市场化营销推广。部分非遗老字号企业通过自建直播团队、开发微信小程序商城,探索社群营销,有效提升了非遗传播活力。

二是打造老字号专属国潮 IP。荣宝斋旗下荣宝斋出版社联手中版昆仑传媒,策划发行了"荣宝斋三百五十周年纪念系列文创卡牌",以"墨彩华章"板块的斋藏书画作品为基础,经过特殊工艺加工,将传世经典画作复制于方寸卡片上,成为可玩、可藏的文创纪念卡精品。

三是建设老字号博物馆。广药集团打造了全国首家半敞开式中医药博物馆"神农草堂"园区，建设了王老吉凉茶博物馆，使其成为凉茶文化一站式体验的旅游地。

四是打造老字号行业展会。2023粤港澳大湾区老字号（文化）博览会在深圳举办，充分发挥老字号在推动服务消费扩容提质、释放居民消费潜力、传承发展中华优秀传统文化等方面的积极作用，助力老字号企业向世界展示企业品牌魅力。

（七）"破圈"传播推动非遗融入现代生活

2023年，非遗传播不断"破圈"，通过跨界融合的方式实现非遗保护传承方式创新。"非遗＋文创""非遗＋会展""非遗＋研学""非遗＋特色街区""非遗＋养生"等多种方式，持续推动非遗传播活力上升。在"非遗＋文创"方面，近年来，江西景德镇围绕"世界瓷都"的布局定位，整合非遗IP资源，将陶瓷文化融入茶具、餐具、日用品、首饰，甚至城市雕塑等方方面面，以陶瓷为主题开发了文创街区、博物馆、博览园、陶艺村，吸引了众多游客通过亲手制作瓷器等多种方式充分体验非遗魅力。同时，在淘宝天猫、京东等电商平台上，各类非遗文创产品成为畅销产品，深受客户喜爱。在"非遗＋会展"方面，在第六届进博会上，上海非遗项目云集，非遗客厅以场景化、生活化的形式，向来自全世界的朋友展示。在"非遗＋特色街区"方面，福建、湖南等多地发布2023年非遗与旅游融合发展推荐目录。各地结合当地实际，深度挖掘非遗内涵，引入非遗体验项目，推出非遗旅游线路，开发非遗文创产品，打造非遗实景演艺，积极推动非遗与旅游融合发展，引发媒体关注。在"非遗＋养生"方面，在"文化和自然遗产日"广东主会场活动中，妙手回春区域展示了传统医药类20个国家级、省级非遗代表性项目，参展项目有陈李济传统中药文化、潘高寿传统中药文化、岭南陈氏针法、贾氏点穴疗法、一指禅推拿、罗浮山百草油制作技艺、新会陈皮炮制技艺、太安堂麒麟丸制作技艺等8个国家级非遗代表性项目，代表性传承人为市民游客提供了义诊活动。在"非遗＋科技"方面，中国国际服务贸易交易会上，"非遗＋科技"模式成为瞩目的焦点，利用智能影像和数字孪生技术直观展示了贵州苗族蜡染工艺，民众反馈数字技术赋能将成为非遗传承的一大亮点。

从传承到创新，从培育非遗人才到探索产业发展新模式，"非遗＋"模式在促进非遗的生产性保护、创新性发展中显示出重要作用，为非遗的未来发展探索了新路径。

平台篇

近年来，随着互联网等技术的发展，我国用户规模不断扩大。根据中国互联网络信息中心（CNNIC）发布的第53次《中国互联网络发展状况统计报告》显示，截至2023年12月，我国网民规模达10.92亿人，较2022年12月新增网民2480万人，互联网普及率达77.5%。即时通信用户10.60亿，网络视频用户10.67亿，短视频用户10.53亿，直播用户8.16亿。这些数据表明，短视频和直播已经成为主流。

数字时代新的传播格局、产业格局与消费逻辑决定了当下的非遗保护传承离不开新媒体平台的支持。用户体量巨大的短视频、直播和电商平台，抖音、快手、淘宝天猫、京东等在非遗内容传播、非遗产品销售、支持非遗传承人和推动非遗产业带建设方面具有独特优势。

首先，短视频具有传播力、互动性强的优势。非遗传承人可通过分享非遗短视频内容，生动展示非遗技艺，传播非遗知识，吸引大量用户浏览和分享，让观众直观地感受到中华优秀传统文化的独特魅力，提高非遗曝光度和影响力。

其次，电商直播模式拓宽了非遗产品变现路径。通过电商直播，非遗传承人在展示非遗技艺的同时推广销售非遗产品，从而实现非遗传播与商业的结合，增加收入，解决生计问题。非遗传承人可在一场直播活动中完成让观众从认识、了解非遗到下单购买非遗产品再到反馈建议的完整闭环。一些知识丰富又风趣幽默的非遗主播还能利用平台高粉丝黏性的优势，塑造品牌效应，进一步实现规模化非遗产品销售。

再次，多模态、高聚合度的新媒体平台有利于实现非遗传播。新媒体平台在促进非遗传承方面正在展示出一站式的整合传播能力。文字、图片、音频、视频等多模态形式的新媒体内容，可吸引使用习惯不同的受众。在新媒体平台，用户相互讨论、分享，形成强大的自传播效应。新媒体平台还可通过人工智能算法推荐技术，帮助非遗传承人精准找到目标受众，让其全方位感受和体验非遗。

最后，新媒体平台用户具有年轻化特征，这对于拉近非遗与年轻群体的距离，培养更多后备传承人才具有重要意义。在新媒体平台，传承人可通过更符合年轻人内容消费习惯的方式传播非遗内容，扩大非遗在年轻人群中的覆盖范围，让更多年轻人接近、了解、感受非遗魅力，助力非遗保护传承。

一、短视频成为非遗传播重要形式

在社会和生活节奏不断加速的当下，越来越多的用户更倾向于具有碎片化、视频化、移动化的短视频内容。同时，随着智能手机不断普及，数字媒体和人工智能技术的迅猛发展，短视频制作门槛逐渐降低，赋予传统媒体环境下的被动消费者更多的空间进行内容生产，充分展示自身想法和生活场景的机会。此外，借助人工智能算法推荐机制，短视频平台极大提升了非遗内容和目标用户的匹配度，让用户能够快速获得喜爱的内容。

抖音作为短视频行业用户规模比较大的平台，经过几年的持续发展，抖音平台展示的非遗项目在 1557 个国家级非遗项目中的覆盖率达到 100%，青神竹编、东北大鼓、龙骨坡抬工号子等非遗相关视频在抖音上播放量同比增长 33%，分享同比增长 40%。庞大的用户量和多样的内容形式使抖音成为数字时代非遗传承的强大助力者。

在快手，非遗正焕发着勃勃生机，每三秒钟便有一条非遗短视频诞生，见证着古老技艺的生生不息。目前，快手已广泛覆盖各类国家级非遗项目，数量超过 1535 项，项目覆盖率在 98% 以上，其中传统戏剧类项目覆盖率达到了 97.4%，传统曲艺类项目覆盖率达到了 93.1%。从战国剪纸的精致到秦朝腰鼓的豪迈，从汉朝泥塑的灵动到唐朝舞狮的雄壮，再到明朝蛋雕的细腻，各类非遗在快手平台上竞相绽放。

快手平台还会聚着全国各地的非遗传承人，这些非遗创作者用心用情创作内容，呈现出了一幅丰富多彩的非遗画卷。快手达人、山东省非物质文化遗产"茌平剪纸"代表性传承人 @田田剪纸凭借一条不足一分钟的"三刀剪出双喜字"剪纸教学短视频，在网络上获得了超过 285 万个点赞。早在 2010 年，田田就怀揣着对于剪纸艺术的热爱，创办了"美在民间剪纸艺术工作室"，这里不仅是她创作和展示作品的舞台，更是她传承和弘扬"茌平剪纸"文化的重要阵地。她定期在工作室里进行线下培训和线上直播教学，与剪纸爱好者分享她的技艺和经验，让更多人了解并爱上这门传统艺术。90 后国粹非遗传承人 @果小菁用她的热情和才华，让京剧这一传统艺术形式焕发出新活力。作为经过 20 年苦练的专业京剧演员，她在快手找到了新舞台、新观众，凭借精湛演技和独特表演风格，吸引了超过 347 万戏迷，其中不乏原本对京剧并不了解的年轻人。果小菁用自己的方式，让传统戏剧获得广泛关注和喜爱。在非遗传承人 @柳编工艺周圣福手中，山东临沂的柳编工艺持续焕发新生机。周圣福的柳编作品，每一件都仿佛是一件艺术品，不仅具备实用性，更承载着丰富的文化内涵。短视频中，周圣福的柳编作品形态各异，有精致的花篮、实用的储物筐，还有充满创意的装饰品。他用灵巧的双手，将一根根普通的柳条编织成精美的工艺品，让人感受到柳编工艺的精湛技艺和独特魅力。同时，"95后"国家级非遗项目北京"面人郎"第三代传承人郎佳子彧也在用他的方式传承和发扬着面人技艺。他将面人技艺与时代结合，持续扩大非遗技艺的影响力。他以《山海经》人物为蓝本创作的《火神祝融》，形象生动、栩栩如生；漫威英雄《复仇者联盟》系列，将传统面人技艺与现代流行文化结合，让人眼前一亮。"新题材老手艺"和"老题材新做法"成了他为面塑艺术注入生机的两大法宝。

二、新媒体平台创新非遗传承模式

新媒体平台的崛起，为解决传承人流失、传播模式僵化、传统非遗与当代脱节等问题提供了新的解决方案，将非遗传承的主体从传统手艺人拓展到广大用户，共创非遗传承新模式，让古老非遗在数字时代持续焕发新生机。

截至目前，抖音平台上共有1428位非遗传承人发布非遗内容，其中30岁以下共有199人，同比增长72%，年轻的"80后""90后"乃至"00后"正在从老一辈手中接过非遗传承的接力棒。1998年出生的凌云（@凌云）作为峨眉武术的非遗传承人，2023年在抖音创作出19条播放量超过千万的爆款视频，其中在119全国消防日这天，凌云与四川消防进行联动，共创了1条有特效、有科普的视频，将传统武术融入现代社会生活，收获了1.1亿次播放和超过350万次的点赞。凌云不仅在国内积极推动峨眉武术的普及，在推动非遗和国际文化交流方面也表现突出。通过深入研究和创新，助力峨眉武术走出国门，并在国际舞台上树立了峨眉武术的崭新形象。姚建萍（@不偷懒的姚建萍），她是著名苏绣艺术家，国家级非遗苏绣代表性传承人，中国工艺美术大师。2023年在抖音创作出32条播放量超过百万，5条播放量超过千万的爆款视频，并与新华社联动，共创了1条传播苏绣艺术，弘扬中华文化的视频，推动非遗文化的创新传承，收获了120万次播放和超过4万次的点赞。姚建萍还多次创作国礼苏绣，在国际舞台上推进中外文明交流互融，同时也受邀参与"从北京到巴黎——中法艺术家奥林匹克行"等国际活动，在推动非遗的国际传播交流方面做出突出贡献。在抖音平台上，不仅是传承人，人人都可以成为非遗传播者。过去一年，1379万网友分享了自己的非遗体验，漆扇、簪花、马面裙等项目成为热门话题。同时，抖音生活服务持续推动非遗融入现代生活，提升非遗产品销售转化率。过去一年，非遗类商家同比增长 215%，非遗团购商品订单同比增长 356%，购买非遗团购产品用户数增长 328%，其中年轻人成为消费主力军，90 后下单热情最高，"00 后"下单速度最快。

2023 年，快手平台有超过 2000 万场的非遗与民间艺术直播，非遗相关视频播放量同比增长 40%。2022 年有超过 1100 万位非遗万粉创作者在快手传承非遗，相关直播达到 360 万场，获得观看量超过 370 亿次。古老技艺与现代潮流的完美融合，吸引着越来越多用户观看。目前，快手上的非遗兴趣用户已超过 2 亿，快手非遗深度兴趣用户超过 9500 万，且数量仍在持续增长。与此同时，还有越来越多非遗创作者在快手实现创收涨粉双丰收，2023 年快手非遗创作者人均总收入同比增长 55%，最高全年收入超过 800 万，最高全年涨粉 125.7 万。

快手达人 @ 安塞腰鼓三哥哥，他是安塞腰鼓非物质文化遗产传承人，不仅在快手平台上构筑了非遗传承的新阵地，还以 30.6 万粉丝为基础，广泛传播着中华优秀传统文化的魅力。作为快手"非遗江湖"的创作者，他积极参加各类非遗传播活动，如参与"手上的非遗"线下展演，以精湛的技艺和满腔的热情，让古老的艺术形式焕发新生。同时，他积极响应国家乡村振兴战略，以青年主播的身份，加入"沿着高速看中国·中国人的故事"直播助农行动，用实际行动助力农产品上行，促进农村经济发展，展现了非遗传承人的社会责任感和使命担当。在快手这片充满活力的数字土壤中，@ 安塞腰鼓三哥哥以其独特的艺术魅力和不懈的努力，书写着属于新时代的非遗故事。快手人气达人 @ 郎佳子彧，他是国家级非物质文化遗产北京"面人郎"第三代传承人，不仅承袭了家族百年的艺术精髓，更在快手平台以"非遗江湖"创作者的身份，掀起了一股传统文化热潮，汇聚了 78.3 万热爱传统文化的粉丝。在国家非遗保护专项资金的支持下，他率队开启"面人郎"的数字化征程，运用 3D 建模等前沿技术，让非遗瑰宝跨越时空界限，实现永久保存与广泛传播。同时，郎佳子彧还积极参与直播助农等公益活动，借助个人影响力和快手平台的广阔舞台，为乡村振兴注入强劲动力。除此之外，他还是中华文化的传播使者，如在 2022 年北京冬奥会期间，为外国元首现场展示"冰墩墩"面人制作，成为了弘扬中华优秀传统文化的闪亮名片。

为生动展现非遗传承人的精湛技艺，快手精心设计并策划了非遗展演活动"新市井匠人之我家乡的非遗"、非遗云市集"新市井匠人之乌镇里看非遗"等在内的多场非遗活动。"新市井匠人之我家乡的非遗"是快手在 2023 年"文化和自然遗产日"期间，以城市为主线，邀请文旅局长、明星艺人、站内非遗创作者开展的一系列家乡非遗宣传展示活动。此次活动全网总曝光量达到 25.52 亿次，活动话题词视频播放量超过 11.4 亿次，活动激发了广大网友的创作热情，作品发布量高达 5.5 万个，引发社会广泛关注，产生全网热搜榜 33 个。此外，还重点打造了基于"给非遗一个更大的舞台"的初心而精心策划的内容 IP"手上的非遗"，通过更加丰富的内容和形式，展现快手非遗传承人的风采。

在非遗知识的传承上，快手平台和站内创作者通过多元化和个性化的线上课程，共同为非遗注入新的生命力。2020 年，快手联合约十所研培高校，共同打造了非遗线上教学项目"快手非遗学院"，邀请百位国内外各领域专家授课。在课程设置上，快手非遗学院规划设计了高校专场、专业机构专场、传承人专场、技能专场四大直播专场，并从专业技艺技能提升、非遗视野、品牌营销、互联网技能四个方面设置了专业课程，提供互动交流和学习提升的平台，满足不同需求。

此外，快手还积极助力非遗老字号的传承与发展，平台内已有众多涵盖食品、饮品、医药、文化用品等领域的百年老字号品牌，包括北京同仁堂、龙顺成红木家具、吴裕泰茶生活、荣宝斋、京珐景泰蓝等。快手为老字号品牌注入了新的传播活力，助力百年老字号焕发新的生机。

淘宝通过"淘宝手艺人"项目助力非遗传承发展。作为各大电商平台中最早关注非遗的项目，"淘宝手艺人"自 2015 年发起，借助淘宝平台助力非遗传承人、非遗工坊、工艺美术师、手工匠人、手作设计师等，解决产品线上销售难，实现了手工艺抢救性发掘、数字化传播、创新性发展。

经过 9 年时间发展，淘宝手艺人不断整合阿里巴巴集团内部淘宝家居、淘宝服饰、淘宝教育、淘宝直播、阿里巴巴原创设计保护、阿里公益、淘宝天猫出海等业务板块，为非遗传承人、手工匠人等提供多元化服务，开展"百匠入淘"工程，制订手艺人成长计划，提供新商冷启、潜力帮扶、标杆打造等扶持举措。通过淘宝直播，实时展现非遗产品的工艺细节、制作过程，同时让年轻人与非遗传承人实现多元化互动交流，广泛传播了非遗。项目还积极与地方政府、行业协会，开展线上购物节、线下展会、市集活动等，通过数字化实现非遗国潮产品设计与创新，助力非遗保护传承。

三、网络电商拓展非遗发展新路径

非遗的电商变现是将传统文化与现代市场需求相结合的重要创新路径。在短视频和直播蓬勃发展的同时，各大平台重点发力直播电商业务，也成了拓展非遗产业新路径的有力推手。直播电商作为一种新兴的商业模式，正在为非遗传承发展注入新活力，拓展非遗产品的商业路径，让其焕发新生机。"非遗＋电商"模式有效建立起了非遗保护与生活消费之间的纽带，也搭建起了各地区之间在非遗领域交流协作的桥梁，在尊重非遗特有的文化生态环境基础上，让非遗"见人见物见生活"。

在传承与发展非遗的过程中，抖音电商打通了包括非遗项目、非遗传承人、传统文化受众、潜在消费者、地方产业带在内的整个产业链条关键环节，激活非遗内容完成从创作到分发到变现的整个闭环过程，不断吸引与培养人才加入非遗传承的队伍中，促进非遗传承实现路径创新。过去一年，非遗传承人在抖音电商带货成交额同比增长142%，带货销量同比增长249%，非遗传承人电商直播累计超10万小时，直播带货销量同比增长193%。抖音平台平均每天有5.3万小时非遗直播，平均每分钟有47场内容开播，场均观看人数达3534人，获得打赏收入的非遗传承人人数增长325.63%，古筝、黄梅戏、粤剧、豫剧、二胡成为获得直播打赏最高的前五位非遗项目。非遗传承人带货销量同比增长249%，购买非遗好物消费者数量同比增长203%，北京、上海、天津等城市购买非遗好物订单量最多，张掖、兴安盟、黑河等城市非遗消费增长迅速，非遗订单量增幅最大的张掖市去年非遗销售同比增长506%。年轻人消费热情高涨，00后购买非遗商品订单数同比增长338%，祥禾饽饽、苏绣团扇、柳州螺蛳粉等产品成为最受用户欢迎的非遗好物，老字号企业销量同比增长401%，恒源祥、敬修堂等是最受欢迎的非遗相关老字号品牌。2023年，抖音电商较过去一年GMV同比增长80%，其中，货架场景GMV同比增长超过140%，动销商品数量同比增长超过44%，884万作者通过直播、短视频、橱窗、图文等丰富的形式带货，取得了收入，其中，累计GMV破10万元的作者数量超过了60万。2020年10月抖音电商正式推出"看见手艺计划"，依托全域兴趣电商模式，助力传统手工艺被更多人看见，手艺人、品牌和商家获得新发展。2023年8月，抖音电商推出"焕新非遗"扶持专项，充分发挥全域兴趣电商多场域协同的优势，通过日常经营培训、商品卡流量扶持、达人溯源直播等多项举措助力非遗传承与发展。扶持专项深入至全国各地，计划扶持非遗传承人、工艺美术大师超300位，引入非遗相关商家8000家以上，未来将带动商品销售超3000万件。

快手平台与非遗传承人开展深入合作，积极探索、努力推动非遗商业化。2023年"文化和自然遗产日"期间，快手开启了"非遗购物节"，邀请了27位非遗传承人带来家乡非遗带货专场。活动期间，快手开展了长达20天的直播和展销活动，累计直播426场，累计GMV达4387万，充分展现了非遗的商业价值和市场潜力。

快手达人苗族银饰锻造非遗传承人@银匠雪儿·山呷呷也为非遗提供了可借鉴的电商变现模式和发展路径。她利用短视频和直播，不仅带动了周边40余人就业，还为乡村振兴和文化传承做出了贡献。苗家女儿潘雪从小对银饰锻造技艺耳濡目染，大三那年，带着好奇开始学习技艺，并开通快手账号"银匠雪儿·山呷呷"，更新银饰相关短视频。大学毕业后，她回到贵州凯里做起了"短视频直播+非遗"创业项目，把非遗技艺融入有故事性的短视频，在直播间展示符合当代审美又兼具民族特色的银饰，积极在快手平台传播苗银非遗工艺，销售工艺产品。如今，潘雪已组建起40人的直播团队，不仅跟本地银匠建立了订单合作，还帮助外出打工的银匠重拾手艺。作为快手幸福乡村带头人，她持续在乡村振兴和文化传承中做出贡献，9次登上央视节目，成为非遗保护传承的典型人物。

非遗项目泥咕咕传承人@泥巴哥（腾哥）也借助快手平台，为非遗传承探索出多样化的变现路径。他通过直播将泥塑作品销往全国各地，去年年收入突破50万元。他擅长制作车辆泥塑，从拖拉机到坦克等各式作品都深受欢迎。为创新非遗短视频，泥巴哥将内容剧情化，采用定格动画形式赋予泥塑生命。他在短视频平台直播带货泥塑，策划多场助力乡村卖泥塑活动，为泥塑开拓新销路。泥巴哥还积极开展教学，指导年轻手艺人开直播。在他的带领下，众多同村年轻人重拾泥塑技艺，通过短视频和直播寻找新的人生道路。

随着消费者对国货潮品越加青睐，淘天平台上的非遗商品也越来越受到欢迎。天猫平台上的传统手工艺、传统文房四宝，以及老字号和联名款商品等销量都有较大提升，淘宝平台上的传统技艺、传统美术类商品也越来越加强与消费者的联结，推陈出新，让更多人爱上了非遗。

据《2023非物质文化遗产电商消费报告》数据显示，2023年，淘天平台非遗相关产品的年成交额首次突破千亿元大关，达 1073.2 亿元，同比增长 37.7%，是同期社会消费品零售总额增速的五倍多。非遗电商消费总体呈现快速增长趋势。从供给角度看，2023 年淘天平台上非遗商家数量达到 3.6 万家，同比增长 17.6%。从消费角度看，2023 年在淘天平台购买过非遗相关产品的消费者达到 2.49 亿人次，同比增长 11.7%。非遗相关产品人均消费额从 2022 年 349 元上升到 2023 年 430 元。从各省数据来看，2023 年呈现全面恢复的状态，25 个省（区、市）的非遗消费呈现上涨趋势，海南、黑龙江、陕西、贵州等省的非遗商家同比增长 40% 以上。非遗消费规模最大的三个省为浙江省、广东省和福建省。四会玉雕、北京中式家具、镇平玉雕、苏州苏绣、北京核雕、南平建盏等非遗产业带交易额增长超 40%，增长迅速。

非遗产品借力平台节庆大促，消费增长显著。2023 年 6·18 期间，淘宝天猫平台上非遗商品交易额超 79.6 亿元，同比增长 52.4%。龙舟、香包、粽子等端午民俗受关注，拉动相关商品消费。2023 年"双十一"期间（10 月 31 日至 11 月 11 日），淘宝天猫平台上非遗商品交易额达到 106.8 亿元，同比增长 53.3%，白酒、传统医药、汉字书法等相关商品销量领先。

平台还推出"淘宝手艺人星火扶持计划"全面助力非遗商家成长。很多手艺人长于手艺，却缺乏电商运营经验。为此，2021 年淘宝手艺人及非遗业务联合淘宝教育推出了"淘宝手艺人星火扶持计划"，免费为淘宝平台手艺人商家提供针对淘宝店开设和日常运营的系统化培训课程。课程覆盖全店货品规划、淘宝流量玩法、直播方法、短视频拍摄技巧等多种主题，助力手艺人商家提升淘宝经营能力。2023 年，"淘宝手艺人星火扶持计划"升级为"百匠入淘"专项。目前，已覆盖陕西、江西、贵州和云南等多个产业带手艺人，培训各类手工艺商家超 500 家。

作为新型实体企业，京东上也有大量非遗相关商品销售。数据显示，截至 2023 年年底，京东平台上的非遗相关商品数量已超过 10 万种，非遗商品涵盖了传统手工艺品、民间服饰、工艺美术品、传统美食、民俗文化用品等多个品类。京东平台在售的非遗产品，既包括具有地方特色和文化内涵的传统手工艺品，如精美的漆器、陶瓷、刺绣、编织工艺品等，还包括展示不同民族服饰和民俗文化的非遗商品，如汉服、藏服、苗族服饰等。此外，代表中国各地传统技艺以及特色美食文化的传统美食，如茅台、汾酒、泸州老窖、五粮液等白酒以及传统糕点、茶叶等食品，在京东更为畅销。

京东充分立足产品销售的核心能力，通过持续下沉和共享扎实的基础设施、创新的技术服务，蹚出了一条以供应链健全产业链，从而提升价值链的"全链条"路径，形成了综合销售能力。

首先是销售和品牌化的能力。非遗品牌入驻京东后，可在地方政府的帮助下走上规模化、优质化、品牌化发展之路。其次是建立生产标准的能力。京东以农业生产数字化管理系统为支撑，为非遗产业或地方主导产业构建从产品生产到终端销售的数字化追溯体系和标准生产体系，以产品质量的提升来确保综合效益的提升，通过促进形成高品质生产与消费升级的正向循环，进一步推动非遗产品的标准化、品质化生产。再次是非遗产业链数智化升级能力。京东以销售为核心驱动，激活并带动信息流、商流、物流、资金流、人才流"五个流动"，实现品质消费、品质销售、品质生产的最小闭环。最后是保护与宣传能力。京东也积极参与非遗项目的保护与宣传，通过线上展示、推广活动等方式，凭借京东自营庞大的销售体量与非遗品牌合作共建，让更多的消费者了解、购买和支持非遗商品，促进了非遗传承和发展。

2023年年初以来，京东推出"春晓计划"，带来为个人提供快速入驻通道、"0元试运营""新店大礼包"等扶持政策，并通过持续为商家简化入驻流程、降低开店成本、提升经营效率，吸引了大量新商家入驻京东。众多商家入驻京东，极大地提升了京东的非遗商品丰富度。截至2023年年底，京东仅三方商家的商品SKU数量就较年初增长了近一倍，非遗第三方店铺的入驻数量达到178家，已经正式运营的店铺达到32家。未来，京东也会继续与更多的非遗商家和品牌合作，发挥电商平台优势，推动非遗传播和产品销售，为非遗保护传承做出积极贡献。

四、助力非遗发展和全面乡村振兴

各大网络平台还发挥各自优势，积极整合平台资源，有效助力非遗传承发展和全面乡村振兴。

抖音平台通过多种方式整合平台资源，有效助力非遗传承发展。抖音充分发挥自身影响力，为传承人和商家提供展示平台和信息渠道，推动地方特色非遗产品的生产与销售，不断吸引新的传承人与受众加入其中，形成合力创新发展的局面。抖音短视频与电商的发展为非遗传承提供了新的机遇和平台，可借势建立现代化的传播方式和销售渠道。同时，非遗聚集区的建设有助于打造非遗传统文化 IP 形成品牌效应，抖音通过邀请知名主播、KOL 和明星代言推广以及普通用户自发种草、讨论、打卡并发布相关内容等方式，提高非遗及其属地的曝光度和传播力，助力小众品类建设自己的品牌文化和扩展知名度，帮助成熟品牌实现产品创新和转型，帮助知名品牌和老字号品牌实现产品升级和品牌文化焕新，通过线上的赋能，实现线下地域空间的跨越，获得更多活力和机会。

淘宝天猫积极推动非遗传承与全面乡村振兴有机结合。为更好地助力非遗保护，阿里巴巴公益团队通过创新举措，包括上线公益数字藏品、携手天猫服饰推广非遗时尚、上线非遗数字博物馆等，让更多人看见非遗、爱上非遗，同时将非遗与乡村振兴进行有机结合。四川凉山喜德县被称为"彝族漆器之乡"，彝族漆器纹饰细腻、色彩明艳、造型典雅，极具民族风情，成为消费者争相收藏的艺术品。为让更多人了解彝族漆器，2023 年 6 月，阿里公益联合 88VIP 联合发起"守护远方的美好"文化数字藏品项目，用 3D 数字化技术还原国家级非遗传承大师吉伍巫且 5 款精美彝族漆器的匠心之作。漆器数字藏品上线淘宝 88VIP 平台之后，用户每次使用积分进行兑换，就会捐赠一定金额用于彝族漆器保护项目。

"乡村非遗时装秀"让非遗焕发活力。"青绣"，是青海各民族世代传承的非遗，从秦汉丝绸之路南路开通时兴起至今，传承千年之久。2023 年 8 月，天猫服饰与阿里公益联合发起"平安青绣专场"，以当代艺术的思想与理念，让非遗焕发了新活力。天猫服饰与阿里巴巴公益联合万事利、Lefame、青色、隐言、生活在左五大国风品牌，以"平安青绣"为灵感来源，创作了五个青绣联名系列，让古老青绣以创新、时尚的姿态走进大众视野。Lefame 在新中式基础上，把高原特色的色彩和图腾纹饰融入中式格格服与海派风格图纹中，让多元艺术文化碰撞出绚烂的火花；生活在左将品牌最具代表的马面裙与青海河湟刺绣、土族盘绣相融合，用极具张力的民族特色诠释了传统与现代的碰撞；青色则将青绣传统色彩、云纹、如意纹、卷草纹再创造，融入家居服与文胸的设计之中，让无限的想象热情绽放。同时，天猫服饰与阿里公益在各大平台对青绣进行大力的宣传和推广，吸引了网友的关注与讨论，同时，邀请蜜蜂惊喜社等主播向消费者推广非遗。

在新的社会和技术条件下，非遗数字化传承正逐渐成为一种必然趋势。近几年，抖音、快手、淘天、京东等互联网平台，立足其庞大的用户群体、强大的传播能力、全链条的非遗产品销售能力等优势，通过短视频、直播、电商等形式，走出了一条在数字化时代助力非遗传承的创新性之路。短视频让受众在新时代更直观地了解非遗，提供新的展示方式；直播电商为非遗解决变现瓶颈，开辟了新的营销路径；平台社区让广大受众共同加入非遗传承的探索中，共同探索非遗新模式；整合平台资源更为非遗传承发展提供了有力支持，有效助力全面乡村振兴。

抖音、快手、淘天、京东等互联网平台助力非遗保护传承发展的创新思路、探索和经验，为做好非遗保护传承提供了宝贵的借鉴和启示。在包括互联网平台在内的各方力量共同努力下，以非遗为代表的中华优秀传统文化正持续焕发新的生机与活力。

建议篇

只有进行广泛传播，才能让更多的人了解中华文化遗产的珍贵性；只有扩大非遗保护的"朋友圈"，才能使中华优秀传统文化的传承生生不息。基于以上篇章对2023年全国非遗传播数据的统计分析和特点总结，建议篇从传播角度对如何进一步做好非遗保护传承工作提出针对性建议。

一、鼓励更多主体参与，扩大非遗传播新群体

非遗保护传承的关键在人。非遗传承人作为文化传承与发展的重要载体，对有效保护和传承非遗、赓续中华文脉、推动中华优秀传统文化创造性转化和创新性发展发挥着重要作用。截至目前，文化和旅游部认定5批3068名国家级非遗代表性传承人，各省（区、市）公布了2.2万多名省级非遗代表性传承人，大部分市、县也都认定了本级非遗代表性传承人，形成了以国家级、省级代表性传承人为龙头，地市级、县级代表性传承人为骨干，梯次合理的非遗传承人队伍。但与此同时，非遗传承人老龄化严重、从业者创新传承不足、品牌影响力较弱等问题仍然存在。为做好非遗保护传承储备更多后备力量，需要通过多种方式，积极鼓励更多主体参与非遗传播。

一是尊重非遗传承人主体性，为充分发挥传承人作用提供全方位保障。一方面，持续做好各级代表性非遗传承人评选和管理，继续拓展研培计划的内容，从手工技艺、市场营销、电子商务、创新能力、合作经营等方面入手提供系统培训，培养能够适应当前市场经济需求和现代审美观念的非遗传承人群，提升从业队伍的专业技能和职业素养，做到"传承不走样，创新不丢根"；另一方面，大力改善各级非遗传承人待遇，提高其传承积极性。着力解决好传承人在成长空间、创新舞台、生活压力等方面的急难愁盼问题，解决他们的后顾之忧，使其更好地投身于非遗保护和传承工作中。

二是持续推动"五进"活动，拉近非遗与年轻群体的距离，培养更多后备人才。在景区、街区、乡村、校园、网络等空间，开展更多非遗体验类展演展示活动，拉近非遗与更广泛人群尤其是年轻人群的距离，培养更多喜爱非遗，愿意投身非遗传播和保护传承的人群。

三是加强高校非遗相关专业设置，鼓励高校精准、合理地做好技艺类非遗专业设置和人才培养，重点培养高学历非遗保护传承人员。

四是借助老字号等非遗相关企业，推动市场化运作，通过非遗活动宣传、非遗产品开发、非遗 IP 打造、非遗电商销售等多种方式，打造具有特色的非遗品牌，在实现产品销售的同时，提高非遗的知名度和影响力。

五是借助网络平台力量，推动非遗传播。通过社交媒体、短视频平台和电商等网络平台渠道，开通专题网站与社交账号、制作短视频内容、销售非遗文创产品等多种方式，进一步推动非遗在全国乃至全球范围内的传播；同时借助网络平台互动性强、形式多样化的优势，通过直播、互动问答等方式，更好推动非遗更加生动、直观地呈现在用户面前。

二、应用数字传播技术，激发非遗传播新活力

数字传播技术具有高效、便捷、互动性强等特点，为非遗传播提供了全新机遇，为非遗保护传承注入了新活力。通过积极应用这些技术，可有效创新非遗传播方式，不断扩大其影响范围，持续激发非遗的生命力与活力，让非遗在现代生活中焕发光彩。

一是利用数字化手段记录和保护非遗。通过高清摄影、录像等技术手段，对非遗技艺、传承人、活动场景等进行全面记录，形成数字化档案，为非遗传承提供珍贵资料，为后续的数字化传播提供素材。

二是积极运用大数据、云计算、人工智能等技术，推进非遗数字化、智能化、网络化传播。通过运用人工智能、虚拟现实、增强现实、沉浸式技术等，根据非遗项目的特点和观众需求选择合适的展示方式，打造数字化展陈、虚拟体验空间等，对非遗进行多角度、全方位、立体化的宣传展示，最大限度展现非遗魅力。

三是持续开展线上互动活动，增强非遗传播效果。通过借助网络互动技术持续开展线上直播、问答互动、知识竞赛等形式，吸引用户参与非遗传播活动，提高群众对非遗的认识和参与度，增强非遗传播效果。

三、运用跨界融合方式，推动非遗"破圈"传播

近年来，随着国潮的兴起和旅游市场的火爆，"非遗+""+非遗"等新场景不断拓展，非遗传播新路径日益丰富。在全国各地，"非遗+市集""非遗+会展""非遗+研

学""非遗＋特色文化街"等形式催生出新场景、新业态，在不断促进当地消费市场扩大、推动旅游产业升级的同时，有效促进了非遗的传播。后续，可持续以"非遗＋""＋非遗"的多样跨界融合方式，不断探索非遗保护传承，尤其是非遗传播的新场景，将传统文化与现代生活相衔接，推动中华优秀传统文化创造性转化、创新性发展。

比如，在"非遗＋旅游"方面。2023年，文化和旅游部印发《关于推动非物质文化遗产与旅游深度融合发展的通知》，强调推动非遗与旅游在更广范围、更深层次、更高水平上实现融合。后续可在做好非遗保护的前提下，对非遗进行合理开发，在促进非遗与旅游融合发展的同时，更好传播展示非遗的文化内涵和多元价值，提升社会关注度。通过设计非遗主题旅游线路，研发非遗旅游产品、演艺作品及研学产品，举办各种非遗特色旅游活动，开发相关特色旅游体验项目及创意旅游纪念品，借助非遗元素编创文创产品等多种方式，将非遗有机融入景区、度假区、各公共文化场馆，拓宽非遗开发渠道，有效实现经济价值。

此外，各地各类组织和非遗传承人可结合当地和自身实际，通过跨界融合的方式，不断推动"非遗＋文创""非遗＋直播""非遗＋会展""非遗＋游戏""非遗＋研学""非遗＋特色街区""非遗＋养生"等多种"非遗＋""＋非遗"打开方式，持续推动古老非遗在现代社会焕发新的时代光彩。

四、创新多元传播方式，提升非遗社会影响力

创新非遗传播方式，助推非遗传承发展，需要充分利用现代科技手段，加强跨界合作与创意融合，实现线上线下联动传播，加强教育普及与传承培训以及政策扶持与市场化运作等多方面的努力。未来，可在做好现有非遗传播的基础上，更好发挥多种传播手段的作用，进一步创新传播形式，不断提升非遗社会影响力、美誉度。

一是积极运用数字化传播技术，打造沉浸式非遗体验。可利用虚拟现实（VR）与增强现实（AR）技术，创建非遗项目的虚拟场景，让观众身临其境地体验非遗魅力。

二是推动非遗跨界合作与创意融合。可推动非遗与时尚产业结合，将非遗元素融入时尚设计，推出非遗主题的服饰、配饰等产品，使非遗在现代生活中焕发新生；推动非遗与旅游业结合，持续推出重点非遗旅游线路，将非遗展示与旅游活动相结合，吸引游客在旅行中体验非遗；推动非遗与艺术表演结合，创作融入非遗元素的文艺创新作品，

以舞蹈、音乐等艺术形式展示非遗的独特魅力。

三是线上线下联动传播。在线上，可利用社交媒体、短视频平台等线上渠道，发布非遗资讯、短视频、直播等内容，让观众随时随地参与非遗传播互动；在线下，可举办非遗展览展示、文艺演出、现场体验等活动，让观众亲身参与和体验非遗技艺，提升对非遗及其文化内涵的认知。

四是大力支持非遗影视作品创作传播。结合现代影视技术，创新创作推出纪录片、剧情片、动画片等多种形式的具有时代感和艺术感染力的非遗主题作品，以可视可感的方式，展现非遗的多元魅力。

五、借助短视频新平台，实现非遗传播年轻化

在数字化时代，短视频平台以其独特的魅力迅速崛起，成为年轻人获取信息、娱乐消遣的重要渠道。在此背景下，借助短视频新平台，实现非遗传播的年轻化，是非遗传承与发展的重要途径。

一是创作年轻化的非遗内容。结合年轻人的审美和兴趣点，创作富有创意和趣味性的非遗短视频。例如，可将传统非遗技艺与现代流行元素相结合，或者通过故事化的手法，讲述非遗背后的文化故事。

二是利用短视频平台的推荐算法。优化非遗视频的标签和关键词，提高其在平台上的曝光率，利用智能推荐等数字技术，根据用户观看历史和兴趣偏好，进行智能化、定制化、个性化推荐。

三是开展线上线下互动活动。通过短视频平台发起非遗主题的挑战或活动，鼓励用户参与并分享自己的非遗体验。同时，可结合线下非遗展览展示活动，形成线上线下的良性互动。

四是与网红、非遗领域 KOL 开展合作。邀请在年轻人群中具有正向影响力的网红或 KOL 参与非遗视频的拍摄和推广，利用他们的影响力扩大非遗在年轻人中的知名度。

六、依托网络直播渠道，打造非遗互动高效率

随着网络技术的迅猛发展，网络直播作为一种新兴的传媒形式，已经成为连接用户

与各种信息的重要桥梁。在非遗的传播推广中，依托网络直播渠道，可有效提升非遗与公众的互动效率，扩大非遗的知名度和影响力。

一是精选直播内容。在非遗直播中，可精选具有代表性的非遗项目和技艺，确保直播内容具有吸引力和教育意义。同时，可根据观众的兴趣和需求，定期推出不同主题的非遗直播活动，以满足观众的多样化需求。

二是提升直播质量。不断提升直播的画质、音质等技术指标，提升直播内容质量和观众观看体验。同时，可邀请非遗传承人或文化名人作为主播，通过他们的讲解和展示，让观众更深入地了解非遗。

三是加强直播互动。加强直播互动环节设计，适当设置互动问题、抽奖环节等，鼓励观众通过弹幕、评论等方式参与直播讨论，提高观众的参与度。此外，还可以建立粉丝群、社交媒体账号等，为观众提供更多的互动渠道。

四是建立数据分析优化直播策略机制。发挥大数据驱动作用，通过分析直播观看数据、观众互动反馈等，了解观众观看习惯、兴趣偏好等，优化直播策略和内容安排，提高观众的满意度和忠诚度。

五是跨界合作扩大影响力。可与其他领域的知名人士或品牌进行跨界合作，共同推出非遗主题的直播活动，吸引更多潜在观众关注和参与直播，扩大非遗的知名度和影响力。

七、拓展非遗电商途径，助推经济社会新发展

非遗不仅承载着丰富的历史文化和民族记忆，而且具有巨大的市场潜力和经济价值。网络电商通过其广泛的覆盖面和高效的传播能力，为非遗提供了一个全新的展示平台。通过电商平台，非遗产品能够更直接地面向消费者，实现产品与市场的有效对接，在推动非遗融入现代生活的同时，助推经济社会实现新发展。未来应继续加大对非遗电商的扶持力度，推动其健康发展，为经济社会发展注入新的动力。

一是优化非遗电商的政策环境。出台一系列扶持非遗电商发展的政策措施，提供包括税收优惠、资金扶持、市场准入等方面的支持。加强地方非遗商品品牌的建设和保护，帮助非遗传承人申请专利权和商标权，建立和完善非遗产品质量标准体系，完善知识产权保护体系，加大对非遗文创产品的保护力度，防止侵权行为的发生。建立健全行

业监管机制，规范市场秩序，保障消费者权益。

二是拓宽非遗电商的销售渠道。通过各大社交媒体平台，开展非遗产品的线上推广和互动活动，吸引更多消费者关注和购买。邀请网红、明星等参与直播带货活动，利用他们的粉丝效应和影响力，推动非遗产品的销售。加强与国际电商平台的合作，推动非遗产品走向世界。

三是带动非遗电商相关人员就业。发挥非遗电商对于非遗相关人才的就业吸纳优势，为非遗传承人、手艺人以及相关的设计师、营销人员等提供就业机会，通过电商平台开设店铺、直播销售、参与线上活动等方式，助力实现就业和增收。

四是持续激发非遗消费热情。通过电商直播带货形式，激发消费者消费热情，满足多元化、个性化的非遗消费需求；通过将非遗产品推向全国乃至全球市场，扩大消费市场；通过个性化推荐、定制化服务等手段提升消费者的购物体验。

五是促进农村地区人员增收。在持续支持非遗工坊建设的同时，大力发展农村非遗电商，推动农村地区非遗产品进驻淘宝天猫、京东、快手、抖音等电商平台进行销售，促进农业人口增收。

八、推动非遗海外传播，助力中华文化走出去

非遗承载着中华文明、传承着历史文化，在促进中外文明交流互鉴方面发挥着桥梁和纽带作用，其所蕴含的价值观念和人文情感是跨越国界、跨越民族的，具有"走出去"的先天条件，对于展现可信、可爱、可敬的中国形象具有不可替代的作用。拓宽传播渠道，推动非遗海外传播，是推动中华文化更好走向世界的重要路径。

一是成立非遗海外传播工作领导机构。抓住"一带一路"倡议持续推进的战略契机，探索建立多部门协同机制，成立多部门参与的非遗海外传播工作领导机构，统筹规划、协调指导、督促落实非遗海外传播工作。

二是建立非遗海外传播工作协作机制。探索建立信息共享、协作配合、联动推进的机制，形成工作合力，推动以非遗为代表的中华优秀传统文化在海外的传承传播。

三是深化非遗国际交流合作。加强与国际非遗组织、机构的交流合作，在推动更多非遗项目和传承人走出国门的同时，广泛邀请国外手工艺者、非遗传承团队、非遗相关组织来华，开展交流分享，共同推动非遗传播的国际化发展。

四是积极举办和参加非遗主题国际性活动。通过举办或参加非遗主题国际性展览、论坛等活动，积极对外展示中国非遗的魅力，提升中华文化国际影响力。

五是鼓励海外爱好者开展非遗传播。积极借助现有的国际非遗节、"欢乐春节"等对外文化交流活动和互联网平台搭建的海外传播平台做好非遗传播的同时，进一步鼓励海外中国非遗爱好者举办多种形式的非遗宣传展示活动，讲好中华优秀传统文化故事，助力中华文明走向世界。

案例篇

"文化和自然遗产日"非遗宣传展示活动
推动非遗融入现代生活

　　2023年6月10日是"文化和自然遗产日"。为进一步提高人民群众非物质文化遗产保护意识，传承弘扬中华优秀传统文化，营造非遗保护良好社会氛围，文化和旅游部以"加强非遗系统性保护　促进可持续发展"为主题，集中开展"文化和自然遗产日"非遗宣传展示活动。活动宣传口号有"加强非遗系统性保护　提升保护传承水平""加强非遗保护传承　守护共有精神家园""讲好中国非遗故事　深化文明交流互鉴""深化非遗保护理念　展示中国保护经验""可持续发展　非遗同行"。重点活动包括全国非遗曲艺周、《保护非物质文化遗产公约》通过20周年活动、云游非遗·影像展等。各地还因地制宜策划举办了非遗购物节、非遗美食节、进景区看非遗等活动，引导广大民众畅享非遗购、探访非遗味、共赴非遗游。全国各省（区、市）在2023年"文化和自然遗产日"前后共举办了9800多项非遗宣传展示活动，其中线下活动6300多项。

　　重点活动中，全国非遗曲艺周由文化和旅游部与湖北省人民政府主办，以"曲艺荟江城　说唱新时代"为主题，组织所有曲艺类国家级非遗代表性项目的传承人参加展演，通过举办开闭幕式、驻场演出、进基层演出、线上直播等，推动不同曲种之间交流互鉴，促进曲艺保护成果全民共享。本次非遗曲艺周汇聚了国家级曲艺类145个非遗项目、213个保护单位，演出达100余场，是2018年首届曲艺周举办以来规模最大、参演队伍最齐、曲种数量最多的一次大会。

　　《保护非物质文化遗产公约》通过20周年纪念活动由文化和旅游部、国家图书馆、中国昆剧古琴研究会主办，支持各地推出形式多样、各具特色的"非遗购物节"活动等。通过线上线下融合、展示展销结合、多方协作联动集中开展非遗宣传展示活动，推动非遗融入现代生活、促进人民共享，营造全社会关注参与非遗保护，弘扬中华优秀传统文化的浓厚氛围。活动包括"茶和天下 典籍里的茶"展览、国家级非遗代表性传承人记录工作成果展映月、非遗保护讲座月等内容。此外，中国昆剧古琴研究会等还在恭王府博物馆举办了"良辰美景·恭王府非遗演出季"，在北京大学举办大师与学生对话活动。上述活动集中展示了列入联合国教科文组织非遗名录名册的相关国家级非遗代表性项目实践成果，讲好中国故事，传播好中国声音。

云游非遗·影像展由中国演出行业协会与腾讯、爱奇艺、优酷、哔哩哔哩等多家网络平台共同承办。与"文化和自然遗产日"线下活动相呼应，依托平台资源优势，组织非遗影像公益性展播，在线展播 3000 多部非遗传承纪录影像、非遗题材纪录片。活动还同步开展了各类非遗短视频话题、主题直播、话题讨论等活动，鼓励网友上传"我身边的非遗活动"、参与主题直播和互动讨论，让更多社会公众关注、了解生活中丰富多彩的非遗和生动的保护实践。

全国各地依托非遗相关场所、公共文化机构、景区景点等，因地制宜策划举办相关活动，广泛开展非遗展示展演、互动交流、参观体验等活动，展示非遗系统性保护成果和优秀实践案例，并通过列入联合国教科文组织非遗名录名册项目讲好中国政府履行《保护非物质文化遗产公约》的生动故事。结合本地实际和群众需求，因地制宜策划举办相关活动，引导广大民众畅享非遗购、探访非遗味、共赴非遗游。其中，非遗购物节活动中，电商平台依托本平台已有非遗资源，通过联合促销、直播带货等方式，集中开展非遗产品网络销售活动。各地积极对接电商平台，通过发放消费券、联合促销等方式，搭建非遗产品线下展销平台。非遗美食节充分挖掘具有本地特色的饮食类非遗项目，积极举办人民群众喜闻乐见的美食活动，通过设立美食市集、美食街区，集中展示非遗有滋有味的文化魅力。进景区看非遗活动中，各地在景区内开展了形式多样的非遗展陈、展示、展演、体验等活动，提升景区文化内涵，让游客在景区内沉浸式感受非遗韵味。

"文化和自然遗产日"非遗宣传展示活动的顺利开展和广受关注，是中华优秀传统文化创造性转化、创新性发展的突出呈现，是物质文明与精神文明相协调的具体体现，也是中华文化更好走向世界，以中国经验助力人类社会可持续发展的深刻体现。作为《保护非物质文化遗产公约》通过 20 周年纪念活动的重要组成部分，2023 年的"文化和自然遗产日"宣传展示活动吸引了广大民众和海内外游客畅享非遗行、品鉴非遗味、共赴非遗游，感受中国非遗独特魅力，了解非遗保护的中国实践、中国经验。

案例二

第八届中国成都国际非物质文化
遗产节深化文明交流互鉴

2023 年 10 月 12 ~ 16 日，由文化和旅游部、四川省人民政府、联合国教科文组织、中国联合国教科文组织全国委员会主办的第八届中国成都国际非物质文化遗产节在成都举办。中国成都国际非物质文化遗产节是国内唯一由联合国教科文组织持续参与主办并长期落户成都的重要文化节会活动，是全国四大国际性文化活动之一。此次非遗节围绕"共享履约实践 深化文明互鉴"主题，汇集来自全球 47 个国家（地区）和国内各省（区、市）的 900 余个非遗项目、6000 余名非遗传承人和嘉宾，开展五洲非遗、神州非遗、巴蜀非遗、云上非遗四大板块 30 多项特色鲜明的重要节会活动。

四大板块中，作为重头戏的五洲非遗板块秉承"深化文明交流互鉴"理念，举办了天府大巡游、非遗成都论坛、国际展览等活动。其中，天府大巡游活动邀请马来西亚、韩国、保加利亚、泰国、乌兹别克斯坦等 10 支国际队伍以及 30 支国内队伍，按照"薪火相传、四海同乐、多彩家园、五洲共享、时代节拍、巴风蜀韵" 6 个篇章在主会场进行展示展演。数据显示，非遗节期间，天府大巡游在国际非遗博览园共计吸引了 4 万多名观众沿途观看，部分参演队伍还深入青羊、双流、武侯、新都、郫都、崇州、邛崃、大邑、都江堰 9 个地点进行演出，观演人数超过 2 万人。作为成都国际非遗节的学术活动品牌，非遗成都论坛以"《保护非物质文化遗产公约》20 周年非遗保护实践回顾与探索"为主题，系统展示中国履约实践，邀请 140 余位国内外非遗专家学者共同回顾国际社会履行《保护非物质文化遗产公约》实践，就文化遗产的内涵与价值、完善文化遗产保护的法律体系等问题展开学术探讨并分享各国在文化遗产保护领域的优秀案例，深化非遗保护交流互鉴。为全面释放非遗节的国际影响力，以"匠心万千 美美与共"为主题的国际手工艺展邀请了法国、波兰、意大利、塞尔维亚等 15 个国家和地区的手工艺精品参展并进行现场活态展示。其中，中法合作项目《新山海经》以及中韩合作项目刺绣与多媒体结合的《赤色晚秋》等着重展现了传统工艺类非遗的国际交流与跨界合作项目成果，探索传统非遗的现代艺术新路径。四川国际非遗品牌IP授权展汇集了120个非遗节史上最大规模国内外买家团参展，举办展前培训、授权会议、专题推介会、项目路演、线上展览和开放日6大配套活动，搭建非遗品牌IP授权国际交易服务平台，用好知识产权，促进非遗可持续发展。

神州非遗板块沉浸式展示了我国非遗进入系统性保护新阶段以来，在促进经济社会高质量发展和满足人民群众美好生活需求过程中绽放出的迷人光彩，弘扬系统性保护的"中国路径"。其间，以"融入现代生活，共享多彩非遗"为主题的非遗融入现代生活体验展通过"幸福生活""时尚生活""诗旅生活""健康生活"4个篇章沉浸式展示我国在非遗助力乡村振兴、当代非遗青年探索实践、非遗与旅游融合发展等方面的成果。其中，南路边茶等6个茶类的制茶技艺、潮州工夫茶艺等3个茶道习俗、建窑建盏烧制技艺等4个茶器制作技艺在"幸福生活"篇章中同台呈现，展示茶文化在中华民族共同体中发挥的连接作用。由传统医药非遗发展论坛、传统医药健康生活展、传统医药非遗健康咨询组成的传统医药大会以多种形式展示传统医药在全民健康事业中的独特作用，推动人类卫生健康共同体的打造，凸显非遗与当代社会相通相融。此外，非遗节期间，24位传统医药代表性传承人和传统医药专家免费坐诊，为游客解读传统中医药文化、普及健康养生知识等。作为本届非遗节神州非遗展演重头戏之一的成都国际古琴艺术节邀请了全国八大古琴门派齐聚成都，在市区各文化场馆举办名家名曲音乐会、海内外琴家古琴交流音乐会、琴学论坛、古琴学术成果展等80多场演出活动，推动古琴艺术走进现代生活。同期举办的成渝苏曲艺专场交流演出和南北荟萃曲艺专场演出，四川竹琴、扬州评话、重庆扬琴、山东单弦、京韵大鼓、琵琶弹唱等多种曲艺表演轮番上演。

巴蜀非遗板块结合在地非遗资源，以成渝双城共有的、传承较好的非遗项目为基础，开展成渝双城同根同源非遗竞技展、巴蜀国际非遗美食周等一系列巴蜀文旅走廊非遗活动。此外，还有"天府根脉——四川非遗精品展"以千年百技、守正创新、非遗生活、非遗美食四个篇章全面展现四川非遗代表性传承人创造性转化、创新性发展新成果。重庆在荣昌区夏布小镇设分会场，举办巴蜀非遗传承与发展对话以及线上直播带货等相关活动。值得关注的是，本届非遗节除国际非遗博览园主会场活动外，武侯、双流、崇州及四川天府新区等 15 个区（市）县也同步开展了非遗主题活动及分会场活动，让成都市民在家门口共享非遗盛宴。

为持续放大节会品牌效应，本届非遗节还联合新媒体、头部电商、社交电商共同参与，首次打造了云上非遗节。云上非遗板块不仅有人文、历史、科普等领域的头部达人和非遗传承人一同探访非遗工坊、开设非遗大师直播课，带领网友"云游非遗""云学非遗"，还有非遗好物星推官、非遗线上购物节等活动在淘宝、京东、唯品会等大型电商平台开设非遗专区和非遗直播购物活动，点燃大众"云购非遗"热情。非遗有"掰头"（battle）、非遗有"锦"礼等非遗节期间持续开展的"云玩非遗"活动鼓励网友以图文、视频等形式展示身边非遗风采。

本次为期 5 天的非遗节共吸引了 38 万余人次现场参与活动，相关活动直播观看量 235 万人次，网络相关话题阅读量 7658 万人次；产品销售额 1273 万元，意向授权金额 8200 余万元。成功举办的第八届中国成都国际非物质文化遗产节是以非遗为代表的中华优秀传统文化注解丝路精神、推动文明交流、促进共同发展的重要体现，也是以文化之力夯实"一带一路"共建国家人民心相通、推动构建人类命运共同体的重要实践。

2023 全国非遗曲艺周
推动曲艺文化更好融入群众生活

2023 年 6 月 9 ～ 15 日，由文化和旅游部、湖北省政府主办，文化和旅游部非物质文化遗产司、文化和旅游部艺术司、湖北省文化和旅游厅、武汉市政府承办的 2023 全国非遗曲艺周在武汉举行。本届非遗曲艺周活动以"曲艺荟江城 说唱新时代"为主题，汇聚了全国 144 个曲艺类国家级非遗代表性项目、209 个保护单位以及 57 位国家级非遗代表性传承人、数百名省市县级非遗代表性传承人，是 2018 年首届曲艺周以来规模最大、参演队伍最齐、曲种数量最多的一次大会。

本届非遗曲艺周共有六项重点活动：一是开闭幕式演出。邀请全国有影响力的非遗传承人、曲艺名家以及湖北省优秀的曲艺传承人，表演代表性节目。二是全国非遗曲艺传承发展座谈会。全国各地的文化遗产保护工作者和曲艺爱好者齐聚一堂，围绕《曲艺传承发展计划》颁布实施以来全国曲艺非遗保护情况，分享地区曲艺保护传承工作经验和成果，共同探讨曲艺保护传承的现状和未来发展方向。三是驻场演出。在武汉说唱团都市茶座、湖北剧院、中南剧场、汤湖戏院等各相关剧院及公共文化场所进行。四是《曲艺传承发展计划》成果展，对《曲艺传承发展计划》颁布实施后全国曲艺非遗保护工作成果进行集中展示，展现全国各地曲艺传承保护的独特性、多样性和丰富性。五是曲艺"五进"展演活动，在武汉市各区的社区、景区、校园、机关、企业开展演出活动。六是曲艺云上江城秀，通过云上剧场、云端访谈、直播活动等形式，全面呈现非遗曲艺的艺术魅力，打造"云端"艺术盛会，吸引全社会尤其是年轻观众对曲艺的关注。

2023 全国非遗曲艺周活动秉承以人民为中心的工作理念，已经成为人民群众喜闻乐见的文化节日，进一步提升了曲艺的传播力、扩大了影响力。

案例四

首届北京国际非遗周
共绘文明和合交融新画卷

2023 年 10 月 22 ~ 25 日，由文化和旅游部、北京市政府共同主办的首届北京国际非遗周在京举行。围绕"大美非遗，和合天下"主题，首届北京国际非遗周包含开幕式、国际非遗展览、非遗对话，以及副中心非遗特色活动、各区分会场活动近百场。来自国内 18 个省（区、市）和亚洲、欧洲、南北美洲、非洲约 40 个国家的近千名代表、近 500 个非遗项目、3000 余件展品和作品以多种形式齐聚非遗周。

开幕式以"鼓舞世界"为主题，西班牙弗拉明戈舞、非洲手鼓，普宁英歌舞、安塞腰鼓精彩亮相。鼓是精神的象征，舞是力量的表现，通过中外鼓、舞类非遗展演，展现出不同国家、地区的文化艺术特色，演绎出鼓舞人心、昂扬向上的精神姿态，描绘出不同文明和合交融的美好画卷。

国际非遗展览由序厅、国际展区、中国展区、非遗 + 旅游推介四部分组成。序厅通过视频展播、图文展览、展品展示等方式，全面展现党和国家领导人对于非遗保护的高度重视和亲切关怀。其间，以"燕京八绝"为核心技艺设计制作的 20 件国礼重器尤为引人注目。国际展区以"美美与共"为主题，邀请了东南亚、欧洲、拉美、非洲近 20 个国家和地区充满异国风情的非遗项目参展。中国展区分别以"玄圃积玉——京津冀非物质文化遗产联展""茶和天下——影响世界的中国传统制茶技艺以及其相关习俗"为主题。京津冀非物质文化遗产联展，通过展品展示、活态互动、场景还原、沉浸式体验等形式，集中展示京津冀山水相连、人文相牵的历史底蕴和文化风貌。"茶和天下"展区以运河茶路、万里茶道、海丝茶路为主线，通过 16 个省市以茶为主题设置的非遗静态展示、活态展演、互动体验等形式，集中展现茶文化的魅力。"非遗 + 旅游"推介会上发布了北京非遗 logo。北京、天津、江苏等 10 个省市的文旅系统代表也集中推介了当地非遗及旅游特色资源；中国旅游集团旅行服务有限公司代表分享了该企业研发设计的非遗系列产品，以及其在非遗传承方面的相关成果。北京市文化和旅游局对外交流与合作处相关负责人在推介会上进行了"你好，北京——中轴线之旅"主题推介，其他参会省市代表分别进行了"津门故里　匠心不渝——非遗特色之旅""非遗传承赓续千年文脉，平江历史街区焕发新生""彩缬东梨，乡创未来""江西非遗特色旅游线路"等主题推介。

非遗对话为非遗领域经验分享、理论辨析、交流互鉴提供优质平台。联合国教科文组织成员、文化和旅游部及省市政府相关负责人、国内外非遗领域专家学者、非遗传承人、文旅企业及行业协会代表等约150人，以"非遗保护　当代实践"为主题，围绕《保护非物质文化遗产公约》二十年　非遗保护的中国经验""非遗的国际合作""非遗的可持续发展""文化多样性与非遗"等议题，展开对话、交流与研讨，深度剖析非遗当下和未来的发展之路。

首届北京国际非遗周的成功举办，是深入学习贯彻习近平文化思想和习近平主席关于文化遗产保护工作重要论述精神的具体行动，是助力北京全国文化中心建设、推动经济社会高质量发展的务实举措，更是加强非遗展示交流的重要举措，使其在中外文明交流互鉴、彼此互释中，促进人类文化可持续发展。

海南非遗亮相澳门，
拓展琼澳文化深度交流

　　2023 年 6 月 30 日至 10 月，由文化和旅游部、澳门特别行政区政府社会文化司主办，澳门特别行政区政府文化局、海南省旅游和文化广电体育厅承办的 2023 年"根与魂——海南省非物质文化遗产展演"在澳门举行。70 余名来自海南的非遗传承人、从业者，带来琼剧、儋州调声、黎族传统纺染织绣技艺、海南椰雕、海南苗族传统刺绣蜡染技艺等多项海南非遗技艺展演，以及两地传承人交流、工作坊互动体验等多项内容，集中向澳门市民展示了别具海南风韵和特色地域文化资源，同时推动了琼澳两地文化的交融与交流。活动展示形式包含静态的实物展览、动态的活态展演、交互式的互动体验和沉浸式的影像展，以"椰城之根""黎族之魂""黎潮在目"三个主题为参观故事线。

　　其中，"椰城之根"展区包含了多件精工制作的海南椰雕，并展出海南省 32 项国家级非遗；"黎族之魂"展区介绍了黎族文化特点和历史沿革，展示 2009 年 10 月列入联合国教科文组织《急需保护的非物质文化遗产名录》的黎族传统纺染织绣技艺，以及综合体现黎锦技艺的龙被、独具特色的五大方言服饰和黎族船型屋营造技艺；"黎潮在目"展区陈列了用现代设计语言演绎的非遗文创产品，闪耀着民族历史文化与现代文化的碰撞火花。从生活中最平凡的衣食住行，到凝结智慧的文化活动，非遗的背后是多年如一日践行和守护古老技艺的传承人。展览现场，黎族传统纺染织绣技艺国家级代表性传承人刘香兰、符林早等，现场展示黎锦的纺染织绣过程，吸引许多观众上前与传承人交流。

　　展演在整体上力求内容阐释精简、精练，陈列设计精美、精致，呈现效果精彩、惊艳，打造一个以"海南非遗印象"为主体的文化和旅游展示精品。此次展演是继 2023 年 4 月海南非遗亮相米兰时装周后，再一次有力推动黎族传统纺染织绣技艺等海南非遗"走出去"的文化交流活动。

"国际茶日"系列活动
全面生动呈现茶文化保护传承最新成果

2023 年 5 月，文化和旅游部在第四个"国际茶日"前后举办"茶和天下　共享非遗"主题活动，在全国范围内举办各类茶相关非遗宣传展示活动 130 余场，全面生动呈现近年来茶文化保护传承的重要成果和优秀实践案例。

5 月 19 ～ 22 日，2023 年"茶和天下　共享非遗"主题活动主会场活动在福州市举办。本次主题活动邀请了参与申遗工作的其他 14 个省（区、市）文化和旅游厅（局）共同协办，组织 44 项国家级非遗代表性项目相关非遗传承人从茶史、茶萃、茶事、茶缘、茶技、茶具（茶器）等不同角度展示茶文化，与茶相关的非遗工坊和老字号非遗企业参加展示展销，青少年开展与茶相关的研学体验，举办"茶和天下　共享非遗"论坛及"茶和天下　共享非遗"之两岸茶文化交流系列活动。来自 15 个省 44 个国家级非遗代表性项目，93 位茶文化传播者参展，75 家茶企宣传推广各类茶文化与茶技艺。活动还首次打造"古厝＋旅游"模式，在福州上下杭历史文化街区的 11 栋沿街院落里设立了 17 处茶文化非遗展演互动区，带来户内户外相互贯通、静态动态相互交映、传统现代相互融合的立体化展陈体验，吸引游客 14.3 万人次。活动开幕式上举行了列入联合国教科文组织人类非物质文化遗产代表作名录项目"中国传统制茶技艺及其相关习俗"颁证仪式。主题论坛以创造性转化、创新性发展为导向，聚焦"中国传统制茶技艺及其相关习俗"保护传承与创新发展趋势，非遗领域、茶产业领域、茶文化与资源领域等专家围绕"茶非遗的可持续发展和民生维度""加强茶非遗保护，助力茶产业高质量发展""以茶为媒，推动文明交流互鉴"3 个议题作主旨演讲；传统制茶技艺代表性传承人、保护单位负责人、非遗工坊负责人、相关高校和研究机构专家等围绕"传统制茶技艺保护传承""茶助力乡村振兴""茶文化交融互鉴"3 个论题展开讨论。5 月 21 日，主会场活动以现场直播的形式与厦门的两岸茶文化交流系列活动连动，通过两岸乌龙茶制作技艺展示、两岸茶文化交流成果展示等方式进一步培养两岸青年文化自觉，推动融合发展。

除主会场活动外，"国际茶日"期间，文化和旅游部还同步组织全国各地依托茶相关非遗项目，参与"中国传统制茶技艺及其相关习俗"申报的其他14个省（区、市）文化和旅游厅（局）、相关国家级非遗代表性项目申报地区、项目保护单位也紧扣活动主题，依托茶园、茶厂以及相关非遗传承体验设施，充分发挥新媒体和网络平台传播优势，策划组织80余场人民群众喜闻乐见的非遗宣传展示活动。浙江省在全省联动开展各种形式的茶非遗展示体验活动，共同营造"浙江气派的非遗茶生活""浙江气派的非遗茶生活"省级非遗茶空间。在非遗茶空间里，市民、游客体验盖碗泡茶、径山点茶、精致茶点以及鲜萃果茶、中药奶茶等创新茶饮，观看浙派古琴、龙泉青瓷、余杭纸伞、王星记扇、中药炮制等技艺展示，沉浸式体验"浙江气派的非遗茶生活"。活动现场，浙江省文化和旅游厅为首批25家省级非遗茶空间授牌。江苏省、江西省、广东省、四川省依托相关国家级非遗代表性项目，举办培训交流、展示展销、制茶技艺体验、茶品鉴等活动。

除参与"中国传统制茶技艺及其相关习俗"项目申报的15个省（区、市）外，全国其他省份也依托传统制茶技艺、与茶相关的习俗等各级非遗代表性项目，通过论坛、展览展销、文旅体验、直播互动等丰富多彩的线上线下活动开展茶文化普及教育和宣传推广活动，促进更多民众特别是青少年认识和了解茶文化，形成全国联动的局面。如重庆、新疆维吾尔自治区依托传统制茶技艺及其习俗相关非遗代表性项目，线上线下开展各类培训、讲座、展示、展销等活动。

本届"茶和天下 共享非遗"主题活动体现出"主会场活动精彩纷呈、相关地方活动特色鲜明、全国各地活动形成联动"的鲜明特点，以多样的活动内容、丰富的活动形式、广泛的联动效应凸显中国茶文化精神内涵，以多元方式打破文化传播空间地域限制，拓展交流范围，厚实交流深度，以茶为媒，生动诠释"茶和天下"这一中国茶故事的精神内核。

2023 非遗品牌大会
全方位呈现非遗当代价值

2023年3月23～25日，由文化和旅游部、广东省人民政府主办，广州市人民政府、广东省文化和旅游厅承办，广州市文化广电旅游局执行的2023非遗品牌大会在广州市隆重举办。大会以"坚持守正创新　擦亮非遗品牌"为主题，设置"非遗之夜"展演、开幕式、非遗品牌展、主题论坛、创意非遗互动、非遗服装服饰展示交流等板块，通过丰富多彩的公众活动，让非遗品牌以大家可欣赏、可品尝、可穿戴、可体验的方式活力呈现，让非遗技艺再次被看到、被了解、被喜爱、被传播，更好地满足人民群众对美好生活的需要。

3月23日晚，"非遗之夜"展演活动隆重举行，粤剧、昆曲、川剧、豫剧、英歌、龙舞、客家山歌等人类非遗代表作名录项目和国家级非遗代表性项目同台献技。观众既能在广东音乐、英歌、瑶族耍歌堂等国家级非遗代表性项目的展演中体会岭南风情的迷人魅力，也能在古琴、南音、昆曲、太极拳等人类非遗代表作名录项目的演绎中感受中华文化的博大精深。

在开幕式上，广州酒家、广东新宝堂、东莞尚正堂等十个非遗品牌企业携手合作单位举行了非遗项目合作签约仪式，涉及非遗产品设计研发、制作加工、销售推广等方面，签约金额合计近3.3亿元，通过大会平台充分发挥非遗在助力经济社会高质量发展中的积极作用。本次大会特设非遗品牌展，旨在通过多层次、有温度、见个性的品牌呈现，宣传非遗品牌内涵、理念和价值，激发非遗品牌内生动力，推动非遗品牌创新发展。品牌展主要包括传统工艺品牌展、非遗研培计划成果展、非遗工坊品牌展、"海丝·湾区·广作华章"展等板块。传统工艺品牌展围绕非遗品牌保护、传承、发展为核心，对35家传统工艺品牌进行展览展示；研培计划成果展对研培计划孵化出的36个传统工艺创新品牌及作品进行集中展示；非遗工坊品牌展重点展示30家非遗工坊品牌及相关成果；"海丝·湾区·广作华章"展重点展示以广府地区制作的传统手工艺品为主的粤港澳大湾区传统工艺品牌。此外，大会还首次设立了"全国非遗品牌墙"，集中展示参会的非遗品牌标识，成为现场最具辨识度和传播性的视觉符号。

3月24日，大会围绕"非遗品牌"核心议题设置主题论坛。在主旨发言和品牌对话两个环节，知名专家学者、传承人代表、相关业界人士围绕"非遗品牌"主题，结合非遗守正创新、品牌培育发展、市场传播推广、青年职业教育等多个话题，就非遗的品牌建设、价值表达、市场培育、创新实践等方面展开广泛而深入的探讨，以跨界思维助力非遗品牌发展。

此外，本届非遗品牌大会注重场景搭建与互动体验，设立多个创意非遗互动点，包括美食与文创集市、互动体验区、汉唐服饰游园、优秀传统剧种小剧场交流展演等活动，打造沉浸式体验场景。大会专设非遗服装服饰专场——"时尚岭南·非遗新造"2023年广东非遗品牌服装服饰展示交流活动暨优秀案例作品发布会，体现非遗传统技艺与创意时尚的巧妙融合，展现传统文化的当代价值，探索非遗项目与服装服饰产业融合发展道路。大会通过圆桌会议、经验分享、作品发布等环节，探讨非遗在服装服饰领域创造性转化、创新性发展的路径。

2023非遗品牌大会立足粤港澳大湾区，建设全国性的非遗品牌展示传播交流平台。本届非遗品牌大会面向全国广泛发动、认真遴选参会品牌，来自北京、上海、江苏、浙江、广东、云南等全国20多个省市的近150个非遗品牌参与集中展示，搭建起全国性非遗品牌展示传播交流平台，充分展示近年我国推动非遗创造性转化、创新性发展取得的显著成就，展现激活优秀传统文化新时代生命力、推动非遗融入现代生活的累累硕果。此外，港澳嘉宾受邀首次现场参会，这对提升非遗的社会可见度和美誉度、推动非遗融入现代生活、满足人民群众精神文化需求、助力人文湾区建设，推动中华文化更好走向世界具有积极意义。

"茶和天下"·雅集活动以茶为媒
推动文明交流互鉴

2023 年 5 月 15 日，由文化和旅游部主办的"茶和天下"·雅集活动启动仪式在北京恭王府博物馆举行。启动活动上，嘉宾参观了广西巴马、福建永定等地方茶文化展区及津巴布韦、斯里兰卡、土耳其等国际茶文化展区，现场体验了品茗、观画、赏花、闻香、听琴等互动项目。中国对外文化交流协会与浙江省湖州市政府签署合作意向书，共同发起成立陆羽茶文化推广基金会。包括 16 位驻华大使、2 个国际组织代表在内的 41 个国家和国际组织的 75 位驻华外交官，文化和旅游部、外交部、国资委有关司局负责同志，以及部分地方政府、文博机构、行业协会、中资企业代表近 200 名中外嘉宾参加活动。

5 月 21 日"国际茶日"前后，文化和旅游部联动国际组织、中国驻外使领馆、使团，依托海外中国文化中心和驻外旅游办事处，在全球 42 个国家举办"茶和天下"·雅集活动，通过实物、图片、影像、非遗展示、文艺表演等多种形式，吸引海外民众体验丰富多彩的中国茶文化，以茶为媒，跨越国界，拉近友谊。在纽约联合国总部，"茶和天下"·雅集活动现场，来自泉州的茶艺师和艺术家为各国来宾展示了茶艺和香道、南音演奏、木偶戏书法等丰富多彩的表演和体验活动。在斐济苏瓦，来自南京的两位茶艺师身着汉服，手持古典茶器，表演了中国六朝时期的南京茶礼。茶艺表演《春风化雨》向观众展示了南京雨花茶的泡制技艺。在法国巴黎中国文化中心，"茶和天下"·雅集系列活动之"重庆之窗"活动现场，茶艺师进行茶艺表演，展示传统冲泡茶技艺和奉茶礼节，演绎了闻香、观色、品茶、观器的品茗方法。在西班牙马德里中国文化中心举办的"茶香器韵·品味中国——中国茶文化展"中，茶艺师演示了泡茶技艺。在蒙古国乌兰巴托中国文化中心，开展了"茶和天下"·雅集中国文化和旅游周之茶文化展暨研讨会，包括中国茶历史和文化图片展、茶具茶叶展以及相关研讨会，旨在以茶为媒、以茶论道，通过展出茶文化主题的图片和实物，介绍中蒙茶文化的发展与变迁，以及茶文化背后的人文精神、和合之美。在新西兰惠灵顿中国文化中心，"茶和天下"·雅集系列活动走进南岛克赖斯特彻奇的社区、学校，为新西兰观众带去博大精深的中国茶文化。在瑞典斯德哥尔摩中国文化中心，"茶和天下"·雅集活动以"熊猫家园 川茶雅韵"为主题，举办了"围炉话四川 雅茶品鉴"交流活动。在泰国，茶艺表演团队奉上迎宾茶福建白茶，演示杭州西湖龙井、广东凤凰单丛的冲泡茶技艺和奉茶礼节，讲解不同茶类的功效与作用，以及闻香、观色、品茶、观器的品茗方法。在希腊雅典，"茶和天下"·雅集活动以展览的形式让希腊民众深入了解茶文化的悠久历史和蓬勃发展。在比利时布鲁塞尔中国文化中心，"茶和天下"·雅集活动融合了品茗、观展、赏花、闻香、听琴等形式的"文雅之集会"，借助主题展、图片展、视频资料、实物茶具展览和艺术表演、互动等活动形式，推动文明交流对话、增强包容互鉴。在新加坡中国文化中心，以"茶和天下·苏韵雅集"为主题的江苏专场活动以江苏名茶品鉴，非遗传承人现场制作富春茶点，"跟着茶香游江苏"主题演讲等方式介绍江苏茶文化，吸引了300多位当地知茶爱茶人士参加。在墨西哥，"茶和天下"中国茶文化主题绘画大赛的举办吸引了来自墨西哥、洪都拉斯、尼加拉瓜、萨尔瓦多等8个国家的33幅作品参赛，共话茶文化交流。在韩国首尔，"人在草木间——茶和天下·雅集"系列活动之"茶韵书香"旨在通过茶道、香道体验与交流，促进中韩两国民众之间的文化体验和相互理解。在俄罗斯莫斯科中国文化中心，身着传统少数民族服饰的云南茶艺师热情地介绍普洱茶、滇红茶、德昂族酸茶等制作技艺，亲手为嘉宾冲泡茶叶。在品尝中国茶之余，扎染、刺绣、剪纸等非遗技艺展台也吸引了众多嘉宾驻足。在澳大利亚悉尼中国文化中心，"茶和天下"·雅集暨2023"海丝起点 清新福建"文化和旅游推介会活动现场上演了茶舞《福茶香飘》、剪纸《茶和天下》、布袋木偶戏《指掌乾坤》、茶百戏《悠悠宋韵》、古筝曲《共饮一泓水》等精彩节目，旨在通过以茶会友、以茶为媒，讲好"一片神奇的东方树叶"和清新福建的故事，为深化各领域合作、构建人类命运共同体贡献福建的文化和旅游力量。

中国茶连接着人与自然，连接着历史与现实，连接着文化、旅游和美好生活，连接着中国与世界，向世界阐释"和而不同"的理念，展示"交流互鉴"的诚意。"茶和天下"·雅集将茶与雅集巧妙结合，让许多外国民众通过品茗、观画、闻香、听琴、赏花等活动，一秒"穿越"至中国古代文人雅士的生活场景，近距离感受中国茶文化的无穷魅力和丰富内涵，同时在促进不同文明对话中散发芬芳。

第十届中国京剧艺术节
打造艺术共享的盛会

2023 年 12 月 15 日至 2024 年 1 月 21 日，由文化和旅游部、四川省人民政府主办，文化和旅游部艺术司、四川省文化和旅游厅、成都市人民政府承办的第十届中国京剧艺术节在四川成都举办。本届中国京剧艺术节以"京剧艺术的盛会，人民群众的节日"为主题，设置包括开闭幕式、京剧优秀剧目展演、文化和旅游部 2021—2023 年全国戏曲表演领军人才培养计划京剧专场演出、文化和旅游部 2022—2023 年京剧艺术表演人才提升计划汇报演出、京剧创作人才高级研修班、专家评议会及主题研讨会、川剧精品剧（节）目展演等活动。同时，采取线上线下结合、演出演播并举的形式，全程同步线上直播参演剧目。

本届京剧艺术节坚持传统戏、现代戏和新编历史剧"三并举"，特别是实现京剧与川剧同台绽放，上演 80 余场优秀京剧、川剧演出，组织 5 台四川省及部分省外川剧精品剧目和折子戏专场集中展演，促进京腔蜀韵交流互鉴。《石评梅》《突围》《林祥谦》《瑶山春》等革命历史题材剧目发掘红色文化，致敬革命先烈，彰显党在百年奋斗历程中创造的伟大精神谱系；《东方大港》《长空烈焰》《主角》等现实题材剧目深入人民生活，紧扣时代脉搏，展示京剧工作者书写时代之变、中国之进、人民之呼的最新成就；《文明太后》《优孟》《阳明悟道》等新编历史题材剧目塑造历史人物，传承民族精神；《七侠五义》《千秋忠烈》等改编戏培根铸魂、守正创新，积极推动中华优秀传统文化的创造性转化、创新性发展。艺术节从全国遴选出 21 台大戏和 4 台折子戏组台参加，走入四川大剧院、四川省文化艺术中心、锦江剧场、新声剧场、城市音乐厅、成都东盟艺术中心、高新中演大剧院、西南财大剧场等进行展演。同时，组织全国各地京剧院团深入基层，到蜀园蜀音阁、悦来茶园、十陵街道综合文化活动中心、安仁古镇、海窝子古镇、西来古镇、竹艺村、平乐古镇、五凤溪古镇、洛带古镇、中铁鹭岛艺术城等热门景区、街区、公园、社区举办折子戏公益演出专场，开展16场公益演出，邀请艺术家走出剧场开展京剧快闪活动，让人民群众共享艺术盛会。

艺术节通过"一剧一评"的活动形式对参演剧目提出修改意见和建议，帮助其提升艺术品质；举办一系列专题研讨会，总结中国京剧艺术节举办十届以来取得的成绩和经验，思考京剧发展现状，探索京剧未来。京剧现代戏的创作成就与不足、京剧新编剧目如何守正创新、传统京剧如何与现代观众实现情感共鸣、京剧与地方戏如何在兼收并蓄中继承发展、京剧如何在新媒体"破圈"传播中处理好"引领"与"满足"的关系等热点与重点问题。

第十届中国京剧艺术节历时38天，组织举办24台京剧优秀剧目展演、4台文化和旅游部全国戏曲表演领军人才培养计划京剧专场演出、5台京剧艺术表演人才提升计划汇报演出、4台川剧精品剧目展演、18场折子戏公益演出，80余位京剧表演艺术家和3000余名演职人员在成都的9个剧场演出72场，线上直播30场，现场观众约6万人次，线上观众超5000万人次。同时，组织召开了21场"一剧一评"、6场主题和专题研讨会，举办京剧创作人才高级研修班，从全国遴选出编剧、导演、音乐创作、舞台美术创作、评论等专业方向共计37名优秀中青年创作人才进行培训。

本届京剧艺术节以丰富的活动内容积极展现中国京剧事业发展的新成果、新气象；以广泛的题材、多样的剧目类型体现人民视角和时代精神。此举为本土艺术家与全国优秀院团、名家名角和戏曲领域专家搭建了交流互鉴平台，有效促进不同剧种戏剧的交叉、碰撞和交融，探索多元化的类型创作，激发各文艺院团创作活力，进一步助推戏曲艺术守正创新、焕发活力，让传统戏曲艺术薪火相传。

对口援疆 19 省市非物质文化遗产展
展示文化润疆新成果

2023 年 8 月 23 ～ 27 日，由文化和旅游部、新疆维吾尔自治区人民政府主办、自治区文化和旅游厅、阿克苏地区行政公署承办的 2023 "新疆是个好地方"对口援疆 19 省市非物质文化遗产展在新疆维吾尔自治区阿克苏地区阿克苏市举办。

本次非遗展以"文化的瑰宝　人民的非遗"为主题，延续内容丰富、形式多样、创新发展的传统，秉持"见人见物见生活"的理念，推陈出新，以非遗展示促交往，以作品切磋增交流，搭建集成果展示、展演交流、互动体验于一身的非遗宣传推广平台。展会主视觉采用 20 种中国传统色，对应着新疆和 19 个对口援疆省市，同时汲取国家级非遗代表性项目艾德莱斯绸织染技艺的竖条纹纹样，设计出了立体像素字"家"的主题造型。

本次非遗展现场开辟了非遗集市，设置食、阅、玩、乐多块区域以及直播间，以"非遗＋展演""非遗＋文创""非遗＋旅游""非遗＋科技"等跨界融合为主要展示内容，多层次、全方位、立体式讲好中国故事；举办"乐舞非遗""指尖非遗""夜韵非遗""绘梦非遗"等活动，通过多样的呈现形式让观众沉浸式体验非遗魅力，展示文化润疆成果。浙江展区采用透明视窗、全息影像、非遗瀑布流、非遗明信片等数字化形式，全方位展现 110 项浙江非遗代表性项目的魅力，让观众切身感受到虚拟与现实的奇妙碰撞。在"乐舞非遗"舞台上，和田地区策勒县"木山羊舞"在艺人的操作下，随着音乐上下旋转、跳动；湘绣、糖人、面塑等各色展品和非遗体验项目让参观者近距离感受非遗魅力；北京的景泰蓝制作技艺、天津的传统风筝、广东的潮州刺绣展现了中国非遗传承、保护、发展的生动实践；高亢雄浑的英雄史诗《玛纳斯》加入了铿锵有力的河洛大鼓，带着疆味的豫剧《花木兰》选段遇上了哈密木卡姆，乡土味浓厚的刀郎农民画与山东日照农民画联姻；正体现出各省市非遗代表性传承人以非遗为"媒"，切磋技艺，在交融中发展非遗文化。

主会场外，在阿克苏博物馆、影剧院、老街等地设置的分会场同样颇具人气。大型音舞诗画《阿克苏之约》将多种民间舞蹈及阿克苏地区非遗代表性项目贯穿其中；老街舞台中央，达瓦孜杂技艺术惊心动魄，轰动全场；展会同期活动"生命如歌——万桐书与新疆维吾尔木卡姆艺术"专题展吸引了众多爱好者、研究者前来参观。

本次非遗展历时5天，19个援疆省市175个参展项目、184位传承人，新疆生产建设兵团及新疆14地州市155个参展项目、199位传承人纷纷亮相，现场展示的各类非遗产品带来了全新体验，让参观者全方位、多角度、立体化体验多彩非遗的魅力。活动累计接待参观人数超20万人次。主会场接待参观人数10.9万余人次，3个分会场分别是阿克苏地区三馆（博物馆、文化馆、美术馆）、阿克苏地区影剧院、阿克苏老街，共接待参观人数6.6万余人次，非遗民俗主题旅游线路接待游客3.2万余人次。本届非遗展作为文化润疆的特色品牌活动和交流交往平台以及展示新疆非遗保护和文化建设发展成果的重要窗口，为推动新疆文化事业、文化产业和旅游业各项工作的长足发展，打牢新疆长治久安的根基，凝聚起建设美好新疆的强大动力做出重要贡献。

首届中国非遗保护年会
推动非遗融入现代生活

2023 年 2 月 16 ~ 20 日，首届中国非物质文化遗产保护年会在陕西省榆林市举办。年会由文化和旅游部指导，中国非物质文化遗产保护协会主办，陕西省文化和旅游厅与榆林市委、市政府联合主办，以"打造非遗年度名片、绽放非遗绚丽色彩"为主题，举办了开幕式、非遗论坛、创新展览等系列活动。

开幕式上，主办方上线了"非遗人之家"；发布了多项非遗计划和项目，包括 2021 年度十大最具影响力非遗传播活动、全国青年非遗传承人扶持计划、"非遗与旅游融合发展优选项目"名录，以及 2021 年"非遗进校园"实践案例、《短视频直播电商助力非遗发展研究报告》、非物质文化遗产知识普及推广计划、陕北文化生态保护区（榆林市）等。其间，太极拳、木偶长绸舞、陕北说书、陕北秧歌等非遗节目上演，彰显非遗魅力。

非遗论坛以"守正创新，弘扬非遗时代价值"为主题，邀请相关领域专业、权威、有影响力的嘉宾，围绕"非遗以人民为中心""非遗增进中华文化认同""非遗促进中国对外文化交流合作"三大主议题，共商非遗保护、传承、传播的重大议题。

创新展览由非遗沉浸式精品展、非遗大集、红色非遗展等多部分组成。作为主场馆的非遗沉浸式精品馆设立了陕西、山东、河南、四川 4 个沉浸式空间及陶瓷馆、漆艺馆等 11 个展馆。其中，陕西三秦街区以"三秦文化"为背景，打造具有"秦风秦韵的沉浸式情景剧场体验"，充分展现陕北乡音（秦音）、陕北乡艺（秦艺）、陕北乡美（秦美）。山东齐鲁街设置了体现齐风鲁韵的书院，以文房类非遗项目为重点，通过礼仪性展演项目，让观众了解和感受山东非遗的魅力与内涵。河南河洛街以洛阳古都、开封古都为蓝本，结合当地最具特色非遗项目，设置了具有唐宋韵味的"马街书会"作为沉浸式体验空间，观众可以在品酒、听书的过程中感受中原文化的魅力；四川天府街设置了体现巴蜀文化的茶馆，让市民在品茶、看戏的悠闲时光中体验最具巴蜀特色的非遗文化；此外，场馆还设立了陶瓷馆、漆艺馆等 11 个展馆，多位非遗大师亲临现场展示非遗技艺。非遗大集以打造"实景式非遗商业街区"为主题，将陕西、河南、四川、山东四省近 100 个具有地域文化特色的非遗项目摊铺布置在榆林老街上，吃的、玩的、用的应有尽有，通过非遗作品展示和手工艺现场展演等方式，与赶集的游客互动交流。红色非遗展以"追寻红色记忆，传承红色精神"为主题，以图、文及视频资料结合的形式展示上海、浙江、福建、安徽、江西、广东、湖南、湖北 8 省（市）非遗中的红色资源寻访活动成果，涵盖民间文学、传统音乐、传统美术等各个门类。通过展览进一步营造追寻红色记忆、传承红色精神的社会氛围。

整体来看，本次年会呈现四大特点：一是"打造非遗集市，创新非遗展览方式"。年会将非遗展陈与非遗集市合二为一，用展陈的方式呈现非遗项目，用集市的场景增强群众体验，打造一个具备文化温度和质感、既好看又好玩的非遗创新展览。二是"打造沉浸空间，创新非遗体验场景"。围绕非遗年轻化、体验场景化、传播多元化的需求，年会打造非遗与旅游融合的沉浸式体验空间，通过非遗的场景营造推动地方旅游服务升级。在文化＋科技的沉浸式消费场景里，游客可以品各地非遗美食，见各地非遗风情，赏中国传统技艺，购特色非遗产品，实现非遗和体验场景的深度融合。三是"打造权威发布，创新年度工作展示"。年会设立权威发布环节，整合发布多项非遗计划和项目。四是"打造巅峰论坛，探讨非遗研究前沿领域"。年会从国家战略角度，邀请相关领域专业、权威、有影响力的重要嘉宾，围绕三大主议题，共商非遗保护、传承、传播的重大议题。

本届非遗保护年会线上传播精彩纷呈，活动盛况全程在非遗人之家实时转播，线下的非遗大集也在线上同步直播展示，相关点击量超 6 亿。年会期间，抖音上线 #dou 见非遗＃话题及专属 H5，并邀约苗族鼓舞非遗传承人阿朵、中国工艺美术推广人迟锐、"90后"国风主播费青、河南豫剧主播张荣彬、文旅主播宾宾的奇妙旅行等多位达人助力非遗传播，2 月 17 日开幕当天，"抖音电商"官方直播间在非遗市集开展超过 4 小时的"云逛展"宣传活动，并进行首届非遗年会专场直播带货。此外，年会还特邀微博人文艺术开展＃非遗在身边＃活动，号召更多国人在微博一起守护非遗，为非遗发声。

中国非遗传统技艺大展
全方位展示传统工艺传承发展成果

2023 年 11 月 10 日，第六届中国非物质文化遗产传统技艺大展在安徽省黄山市屯溪河街举办。本届非遗大展由安徽省人民政府主办，安徽省文化和旅游厅、黄山市人民政府承办，以"一辈子　一件事"为主题，通过举办传统工艺非遗大集、"非遗赋能＋主题沙龙"、主题式专场活动展示近年来全国传统工艺传承发展成果。本届非遗大展活动规格高、密度大、形式新、实效强，是一届互鉴共促、互融共通、惠人民、促消费的文化盛会。

传统工艺非遗大集汇聚全国各地区 150 余个国家级、省级非遗项目。现场展示展销 350 余位非遗传承人带来的 1200 余件（套）作品。通过设置舌尖留香——非遗美食品鉴展、金艺求精——金属工艺作品展、锦绣中华——刺绣类作品展、织造未来——草柳藤编织类作品展、巧夺天工——雕刻类作品展 5 个群众喜闻乐见的特色展区，充分展示各地独特鲜明的历史底蕴和非遗传统技艺的文化魅力，共同营造了非遗保护成果共享的和谐氛围。

"非遗赋能＋主题沙龙"邀请安徽省内外 10 余位著名学者、行业专家和国家级非遗代表性传承人齐聚一堂，就"传统技艺融入百姓生活""数字技术赋能非遗"等话题开展对话，分别探讨了"融入"的重要性与实际路径、实用及审美功能的统一与平衡、传统技艺的分类保护与传承，以及数字技术对非遗保护、传承、传播的实际影响及存在的潜力等问题，为非遗如何更好地连接现代生活建言献策。

主题式专场活动分别以匠心智创——非遗文创作品邀请展、国潮盛典——非遗服饰、你我同行——互动体验区以及文化生态保护区邀请展、徽州传统建筑营造技艺展为题展示近年来全国传统工艺传承发展成果，让人民群众近距离感受中华优秀传统文化的魅力。

2023年"壮族三月三·八桂嘉年华"彰显民俗传统文化魅力

2023年4月21日至5月22日，广西壮族自治区党委、自治区人民政府主办的2023年"壮族三月三·八桂嘉年华"活动集中开展。活动围绕"潮起三月三　奋进新时代"主题，以"新民歌"为着力点和聚焦点，举办了开幕式、《新民歌大会》创演秀、潮音·2023民歌挑战赛、中国—东盟经典民歌交响音乐会、与央视合作"在中国大地上边走边跳"融媒体活动、2023年"壮族三月三·八桂嘉年华"民歌路演活动、绿城音乐节、2023年"壮族三月三·八桂嘉年华"暨第24届南宁国际民歌艺术节闭幕式等9项重点活动与"桂风壮韵浓""民族体育炫""相约游广西""e网喜乐购""和谐在八桂"五大板块共41个大类活动，全区基层群众"三月三"活动达1000多场。

9项重点活动中，开幕式活动于4月21日上午在青秀山举行，共分为古风雅集、时尚潮玩、民族团结三个单元，通过歌舞、潮玩及其他现场互动形式，展现中国式现代化在广西的生动实践。《新民歌大会》是全国首档大型新民歌实景创演秀，节目将民歌与广西山水、潮流元素融合在一起，邀请国内国际知名唱将与广西本土唱作人一起改编或新创民歌，呈现最潮的视听作品。潮音·2023新民歌挑战赛通过区域海选、开放麦打卡、街头路演等多渠道、多形态、多模式来唱响新民歌。中国—东盟经典民歌交响音乐会紧扣习近平总书记提出共建"一带一路"倡议十周年的重要时间节点精心策划，选取《茉莉花》《美丽的梭罗河》等中国及东盟十国富有代表性的民族歌曲、经典音乐，通过交响乐和多种艺术形式进行演绎。中央广播电视总台2023年重点策划的"在中国大地上边走边跳"携手"三月三"系列活动，在南宁、柳州、北海三市举办。活动还组织了有关民俗文化专家和历史学专家编写系列图书，对"三月三"的历史脉络、文化传统和各个时期的特色习俗进行系统梳理。同时组织创作系列动漫短视频，设计具有花山岩画元素的动画人物，以生动有趣的故事阐释"三月三"的发展历程。2023年"壮族三月三·八桂嘉年华"民歌路演活动组织广西各地民歌手、邀请全国知名乐队开展民歌路演活动，通过设置各种艺术展陈和开放麦装置，打造民歌主题系列文化街区，让民歌文化浸入群众日常生活。4月21～22日，绿城音乐节集结了国内知名艺人和乐队在南宁国际会展中心演出，配套特色文创、美食、旅游服务等，为广大乐迷及游客献上了一场音乐嘉年华。5月21日，2023年"壮族三月三·八桂嘉年华"暨第24届南宁国际民歌艺术节闭幕式——"大地飞歌"晚会举办。闭幕演出汇聚了国内外优秀表演团体、艺术家，以及新民歌挑战赛等活动中的获奖选手，展现2023年"壮族三月三·八桂嘉年华"品牌活动中最精彩的内容。

五大板块活动亮点纷呈。"桂风壮韵浓"板块通过举办"壮美霓裳"广西—东盟民族服饰秀、中国—东盟（南宁）非物质文化遗产周以及在文博场馆举办文化专题展等活动将民族性和时尚性、"走出去"和"请进来"结合起来，将文化和旅游融合起来。"民族体育炫"板块包括6大板块共20多个项目的比赛和活动，其中不乏珍珠球、独竹漂、陀螺、攀爬椰子树等民族传统体育项目，充分展示了民族体育的魅力和风采。"相约游广西"板块围绕"潮玩"主题，推出广西文创潮玩精品展示体验、三月三主题互动展示、广西文化旅游精品线路推介等内容，将民族传统文化和现代潮流生活结合起来。"e网喜乐购"板块重点突出广西特色亮点和东盟国际元素，通过"平台联动·e网乐购"促销活动、"主播助桂·带货广西"直播活动等系列活动，掀起广西好物购买热潮。"和谐在八桂"板块主要包括民族团结进步宣传月、2023年中华一家亲——桂台各民族欢度"三月三"、各民族优秀文艺节目展演等9项活动。

2023年"壮族三月三·八桂嘉年华"活动以"新民歌"为着力点和聚焦点，强化"广西——天下民歌眷恋的地方"这一文化标识，策划了一系列围绕"新民歌"概念的活动内容，进一步明确了"三月三"文化品牌的定位，推动"新民歌"文化IP做大做强。其突出年轻化、时尚化、国际化，力争推出"爆点"内容的做法，营造出了线上线下同欢共庆的节日氛围。

2023海南锦绣世界文化周非物质文化遗产传统织绣印染技艺项目精品展搭建织绣文化互鉴桥梁

2023年4月27日至5月1日，由海南省旅游和文化广电体育厅、海口市人民政府主办的2023海南锦绣世界文化周非物质文化遗产传统织绣印染技艺项目精品展在海南省图书馆举办。此次精品展以深度融入共建"一带一路"为主线，打造"锦绣情缘""锦绣之路""锦绣中华"三大主题板块，分为海南专题、海上丝绸之路东盟专题、传统织染绣艺术与生活专题，选取海南、东盟十国及全国优秀传统织造、印染、刺绣类项目，营造传统织染绣在现代生活中的活态空间，诠释中华优秀文化的创造性转化和创新性发展。

"锦绣情缘"板块将海南非遗项目作为主题展示内容，集中展示了黎族传统纺染织绣技艺、海南苗族传统刺绣蜡染技艺、黎族服饰等16个纺染织绣项目。这里可以看到黎锦非遗传承人双足踩住木棍穿针引线，也能看到椰雕能工巧匠细心雕刻栩栩如生的莲花作品，蜿蜒设计的特色展台搭配热情好客的少数民族展演活动，将海南黎族竹竿舞、竹木器乐、唱山歌、品茗茶等7个展演类项目——呈现。

"锦绣之路"板块，以海上丝绸之路东盟十国织染绣技艺为主题的文化体验空间集中展示了文莱、柬埔寨、印度尼西亚、老挝、马来西亚、菲律宾、新加坡、泰国、缅甸、越南等国家的特色服饰及锦绣文化，带领观众感受非遗的无国界之美、丝绸的锦绣之美，共享人类文明的美美与共。

"锦绣中华"板块集中展示了全国列入非物质文化遗产传统织造、刺绣、印染三类技艺项目的保护工作成果。其中三大活态文化体验空间"丝韵江南""彩云之南""齐鲁青未了"，通过空间感、互动感、体验感的全新展览形式，配合展出具有地域文化（江南文化、滇文化、齐鲁文化）特色的约 60 多项非遗织染绣项目与展现当下设计师创造性转化的精选作品，再以"剑川白曲、峄阳古琴、小满戏"作为三个文化空间的主题展演项目，成为串联各个板块的活态导览，带领观众畅游锦绣织造的"艺术与生活"，体验织染绣技艺在现代场景中的"当下"与"未来"，共享织绣文化带来的精神文明与美好生活。

本次精品展主要亮点分为两部分：一是汇聚了 2018 年以来海南的重点非遗项目，包括茶艺、锦绣等。立足海南本土，以黎锦技艺、儋州调声、黎族竹木乐器等活态展演展示，引起了观众的关注和兴趣，现场沉浸式体验黎锦织造工艺和其他非遗项目，进一步弘扬优秀传统文化。二是专门设置了"一带一路"展区，重点是东盟十国列入联合国教科文组织以及当地特色涉及锦绣服饰的一些精品展览。邀请东盟十国的民族服饰参展参演，为海南黎锦苗绣和东盟锦绣交流互鉴搭建友谊之桥。

精品展以集中展示泰国、缅甸、柬埔寨、菲律宾、新加坡、文莱、马来西亚、印度尼西亚、越南、老挝的锦绣文化，使文化周在国际化、时尚化方面更为凸显，为培育锦绣文化的创新奠定了好的基础，更好地加快推动海南锦绣"走出去"的步伐。

第二届黑龙江冰雪非遗周助力冰雪旅游发展

2023年1月17日,由黑龙江省文化和旅游厅主办,黑龙江日报报业集团、哈尔滨市文化广电和旅游局、哈尔滨市道里区人民政府联合主办的第二届黑龙江冰雪非遗周在哈尔滨防洪纪念塔广场及步行街启动。活动历时一个月,围绕"醉美冰雪季·非遗过大年"主题,从室外、室内两条活动展线开展活动。

室外活动精彩纷呈。在防洪纪念塔广场、中央大街步行街及友谊路沿线,推出"党的二十大报告金句"展板、"牢记嘱托 奋进新时代"展板、中式阁楼非遗展区、红灯笼长廊、彩灯馆、红灯笼馆,举办"潮起龙江·非遗迎春灯光秀",打造网红打卡地,举办由黑龙江省百名剪纸传承人剪刻的"非凡十年·龙江——百人百米百图剪纸展"。长80米,悬挂3000个样式各异的红灯笼长廊内,悬挂20幅麦秸画、10幅木版年画作品供游客观赏。高低错落的红灯笼,红红火火的节日气氛,成为游客新的网红打卡地。

室内活动文化特色浓郁。在哈尔滨印象城商业综合体内,以黑龙江省各级优秀非遗项目展示展销为活动主线,以非遗年货大集的形式,现场设置了剪纸大师工作室、刺绣工作室、手工项目综合展示厅、非遗静态展示区、手工技艺展销区、非遗画作展、传统酿酒区、非遗图书馆、少数民族民俗体验区、廉洁文化非遗展等内容。活动还通过现场写春联、送福字的方式,利用对联、中国结等元素营造了浓厚的节日气氛,增强了群众的非遗体验感和活动互动性,让非遗保护成果惠益人民群众。

第二届黑龙江冰雪非遗周活动期间,中央大街活动现场日客流量最高达70余万人次;央视新闻等国家、省级30余家媒体报道共78条,阅读量达16万次。非遗周活动集非遗展览、演出、推介于一身,不仅是落实文化和旅游部"文化进万家——视频直播家乡年"活动的重要载体,还进一步宣传推介了中华优秀传统文化和黑龙江非物质文化遗产,为打造国家级冬季品牌非遗活动奠定了基础。

中国—东盟（南宁）非遗周 深化文明交流互鉴

2023 年 4 月 22～28 日，由中国非物质文化遗产保护中心、中国对外文化集团、广西壮族自治区文化和旅游厅、南宁市人民政府主办，文化和旅游部国际交流与合作局、中国—东盟中心进行指导的中国—东盟（南宁）非物质文化遗产周活动在南宁举办。非物质文化遗产周汇集了来自中国 25 个省（区、市）和 8 个东盟国家的 150 多项非物质文化遗产项目，让观众饱览中国—东盟非遗的精彩。本次非物质文化遗产周活动包括中国—东盟非遗大集市、中国—东盟非遗"龙"主题交流展示、中国—东盟非遗进校园成果展、中国—东盟非遗座谈交流会、中国—东盟非遗周大联欢等。

其中，中国—东盟非遗大集市是非遗周的重要板块，民间文学、传统戏剧、传统音乐、传统舞蹈、曲艺、传统美术、传统技艺、传统体育、游艺与竞技、传统医药、民俗等 150 多项非物质文化遗产项目集聚在此，以中国传统商贸大集的形式为市民、游客献上一场非遗盛宴。中国—东盟非遗"龙"主题展示交流会上，越南舞龙、云南彝族女子舞龙、广东广府龙舞、湖南洞井龙舞、广西隆安稻草龙，各式花样"龙"交会。中国—东盟非遗进校园成果展汇集了南宁市 28 所学校共 700 多名师生，他们带来的器乐、合唱、舞蹈、校本操等诸多优秀节目惊艳了观众，非遗成果展中的剪纸、扎染、花灯等特色非遗成果则全方位展现了"非遗小传人"的风采。中国—东盟非遗座谈交流会以"非物质文化遗产"为媒，搭建区域合作交流桥梁，签署了中国—东盟非物质文化遗产合作交流机制《战略合作框架协议》。中国—东盟非遗周大联欢在广西民族博物馆举行，泰国舞蹈《中泰一家亲》、柬埔寨猜扬戏、越南富寿省川歌等东盟国家的节目与来自我国西部陆海新通道沿线城市的四川清音《小放风筝》、陕西眉户曲子《十二把镰刀》、西藏《那曲拉伊》等富有地方民族特色的节目同台演绎，进一步促进了民族团结和融合。

2023 第二届黄河流域戏曲演出季
展示黄河传统文化精粹

2023 年 7 月 14 ~ 25 日，由文化和旅游部艺术司、山东省文化和旅游厅、聊城市人民政府共同主办的 2023 第二届黄河流域戏曲演出季在山东聊城举办，包括开闭幕式、沿黄九省（区）优秀中青年戏曲演员展演、优秀剧本（剧目）改稿会等丰富多样的活动。

本次演出季共有京剧、吕剧、柳子戏、山东梆子等 20 余个剧种参演，沿黄九省（区）98 位优秀中青年戏曲演员带来 19 场折子戏组台，千余名演职人员齐聚山东。演出期间，创新性地组织了"优秀剧本（剧目）改稿会"活动，遴选出 10 部 2022 年以来首次公演或尚未公演的，基础好、有潜力的大型戏曲剧目或剧本，组织专家进行深入分析、精准指导，帮助剧作者和排演院团修改提升，提高基层院团创作演出能力。

相较于以往，2023 年的演出季呈现出四大特点：一是演员新人辈出，戏曲事业传薪火。二是剧本打磨提升，基层院团获助力。三是演出精彩纷呈，传统文化展新颜。四是活动丰富多样，文化惠民利群众。尤为值得一提的是，本届演出季遵循低票价惠民原则，对 60 岁以上老年人、现役及退役军人、未成年人、在校学生等群体实施优惠政策。

2023 第二届黄河流域戏曲演出季集中展现了黄河流域戏曲艺术的传统精粹、文化底蕴、时代风貌，促进中华优秀传统文化创造性转化、创新性发展，积极推动黄河流域生态保护和高质量发展。

中国大运河（无锡）非遗旅游大会
打开非遗旅游融合新思路

2023 年 9 月 27 ~ 28 日，由文化和旅游部非物质文化遗产司指导，中国非物质文化遗产保护协会、江苏省文化和旅游厅、无锡市人民政府主办，无锡市文化广电和旅游局、梁溪区人民政府、无锡市文化旅游发展集团有限公司承办的 2023 中国大运河非遗旅游大会暨惠山泥人文化艺术节在惠山古镇举办。本次非遗旅游大会以"畅游甜美运河·乐享非遗之魅"为主题，旨在深入挖掘、保护、传承和利用好大运河优秀传统文化资源，全维度呈现非遗在旅游中的独特吸引力，将古老文化融入烟火生活。为期两天的大会主要包括开幕式、"遇见运河"泥人工坊、"二泉赏月"非遗雅集、非遗美食汇、园林实景锡剧表演 5 大板块 10 项重点活动。

开幕式上举行了无锡市"百匠千品"评选活动颁奖仪式，30 名代表性传承人获评无锡非遗传承创新"薪火百匠"，160 个非遗项目获评"精品项目"。首部以惠山泥人为题材的微电影《塑说》首映，用充满情感的镜头语言"诉说"惠山泥人的岁月传承和精湛技艺。现场还发布了大会原创主题歌曲《一团和气》、首部惠山泥人元宇宙作品《万相归塑》，上演了大型人屏互动节目《七色奇谭》，为市民、游客带来一场非遗视听盛宴。

"遇见运河"泥人工坊里，惠山泥人非遗传承人、无锡精微绣国家级传承人、留青竹刻国家级传承人等非遗大师汇聚一堂。"吴风雅韵·锡作匠心"泥人展集中展示了国家级非遗传承人喻湘涟的《贵妃醉酒》手捏戏文、王南仙的《穆桂英挂帅》，省级非遗传承人柳成荫的《西厢记》等泥人大师的经典作品，大师们现场分享泥人制作过程，展示非遗技艺的独特之处，精湛的手工泥人精品，结合现代时尚元素，碰撞出了令人惊叹的艺术火花。

　　"二泉赏月"非遗雅集上，来自河北邯郸的西洋镜拉大片、云南大理的扎染、陕西延安的剪纸、山西湖口的草编、江苏连云港的面塑、无锡玉祁老酒等各种非遗传统技艺集中展示，观众在非遗市集上玩游戏、看杂耍，身临其境感受非遗之魅力。

　　非遗美食汇汇聚了老法头海棠糕、老北京手工糖、古法秋梨膏、宏凤糕团和三凤桥、过福来、新万鑫、朱顺兴等无锡美食老字号。各个摊位上，蒸的、煎的、炒的，各类美食冒着腾腾热气，泛着诱人的色泽，飘着馋人的香气，让人食指大动。

　　园林实景锡剧表演也引人关注。在寄畅园，锡剧《西厢记》《红楼梦》《珍珠塔》经典选段轮番上演，无锡市锡剧院演员的精湛表演，将传统锡剧呈现得灵动而唯美。在游园小憩中，感受烟雨江南的诗情画意，静享锡剧的纯正风貌，观众表示这是一次前所未有的文化体验，是对非物质文化遗产的珍贵呈现。

　　这场非遗盛典是传统、是当下，也是未来，是守护、是融合，也是焕新，它既是非遗保护利用成果的一次活态展示，更是非遗传承创新之路上的一场精彩亮相。2023中国大运河非遗旅游大会以活动为载体，深入挖掘和整合大运河非遗旅游资源，深入推进大运河非遗旅游融合，打造多城齐联动、全流域一体的文旅标杆，彰显了优秀传统文化持久影响力和运河城市独特魅力。

案例十九

广东省非物质文化遗产展示系列活动
尽展乡村文化振兴硕果

2023 年 5 月 13 ~ 21 日，由中共东莞市委宣传部指导，广东省非物质文化遗产保护中心、东莞市文化广电旅游体育局、茶山镇人民政府主办，东莞市非物质文化遗产保护中心、茶山镇宣教文体旅游办承办的"多彩南粤　幸福游会"广东省非物质文化遗产展示系列活动暨 2023 茶园游会在东莞市茶山镇举办。为期 9 天的茶园游会，围绕打造大湾区非遗展示展销平台，举办了第三届东莞·中国彩塑艺术联展、粤港澳非遗墟市、第五届东莞市非遗亲子嘉年华等 40 多项主题活动，共邀请包括超 20 项国家级非遗在内的 100 多个非遗项目齐聚茶山展演展销，吸引游客近距离、沉浸式感受非遗魅力，打造湾区乃至全国非遗展示平台，助力广东文化强省建设。

精彩的开幕式，震撼的大巡游，吸引了 10 余万市民、游客参与观赏体验。开幕仪式上，古琴、茶道、书法、粤剧等表演轮番上演。由 50 支队伍、1500 人组成的大巡游活动，共有魅力岭南、非遗荟萃、时代新彩三大板块，由传统祈福方阵、岭南粤韵方阵、璀璨非遗方阵、港澳同胞方阵、美丽乡村方阵等 13 个方阵组成，以"非遗 + 文旅"的形式，让游客和非遗零距离接触，收获游玩新体验。其中，璀璨非遗方阵共有 8 支队伍，集中展示了非物质文化遗产的独特魅力。国家级非遗"中山醉龙"迄今为止已流传了 700 多年，醉龙舞融武术、南拳、醉拳、杂耍等技艺为一体，表现形式堪称全国独有，在现场吸睛无数。"沙头角鱼灯舞"传承了客家传统民间文化，舞姿独特，尽显客家民俗风情。此外，"舞火狗"、白眉拳、清溪舞麒麟、大朗木偶戏等广东省、东莞市级非遗项目展演也赢得市民、游客的热烈喝彩。

第三届东莞·中国彩塑艺术联展汇集了来自潮州大吴泥塑、无锡惠山泥塑、天津泥人张彩塑等国家级非遗项目以及吴川泥塑、茶山公仔、茶山绸衣灯公等省级非遗项目，共 100 余件精品。来自全国 20 余个省（区、市）的艺术家齐聚茶山交流泥塑技艺。在当天举行的"彩塑长廊"——第三届东莞·中国彩塑艺术联展现场创作活动中，茶山泥塑传承人与吴川泥塑传承人共同合作，现场制作茶山泥塑"四兄弟"，展示泥塑这一传统技艺精湛、独特的魅力。

粤港澳非遗墟市集中展销了思南土家族剪纸、小榄刺绣、瑶排牛皮酥制作等来自全国各地的 49 个非遗项目。市民群众不仅能够近距离观赏非遗技艺，还能品尝舌尖上的非遗美味。特别值得一提的是，作为东西部旅游协作的帮扶对象，贵州省思南县带来了思南土家族剪纸、思南花甜粑等多项非遗技艺和非遗美食参加非遗墟市，进一步加大思南县在东莞的文旅宣传。第五届东莞市非遗亲子嘉年华邀请莞草编织、茶山公仔、龙舟制作、粤剧脸谱彩绘等非遗传承人，现场教授亲子家庭体验制作非遗作品，推动非遗代际传承。

2023 年的茶园游会不仅在内容上有了拓展，更在表达上有所创新。一方面，邀请各村镇和企业代表、好人代表参与游会表演；另一方面，举办非遗汇演、非遗墟市、非遗亲子嘉年华等活动，两天活动吸引超 10 万名游客近距离、沉浸式体验非遗，彰显以文促旅、以文化人，凝聚起奋勇争先的伟大力量，打造湾区乃至全国非遗文化展示平台。茶园游会是茶山人每年一度的文化盛事，通过这些活动，茶山镇的各村（社区）展现出自己的特色和风采，同时加深了本土文化印记，促进了社区、代际、族际之间的文化对话，维系着粤港澳大湾区民众共同的历史记忆，增强了人们对中华优秀传统文化的根系认同。

2022 全国非遗特色旅游线路发布
促进非遗与旅游高质量融合发展

　　2023 年 9 月 22 日，由云南省文化和旅游厅、云南省红河哈尼族彝族自治州政府、中国旅游报社主办，红河州文化和旅游局承办的 2022 全国非遗特色旅游线路发布活动在红河州元阳县哈尼小镇举办。活动以音乐为媒，向观众呈现了一场沉浸式的梯田时光音乐文化盛宴，在民族音乐与流行音乐的交融中，细数哈尼梯田千年传承的韵味。

　　在文化和旅游部非物质文化遗产司、资源开发司的指导下，中国旅游报社于 2022 年 10 月启动 2022 全国非遗特色旅游线路征集活动，经各地推选、专家评审，最终遴选出 20 条市场前景好、具有代表性的非遗特色旅游线路。本次活动对 20 条 2022 全国非遗特色旅游线路进行了发布展示，旨在充分发挥旅游业的独特优势，为非遗保护传承和发展注入更大的内生动力，有效促进非遗与旅游高质量融合发展。

　　活动现场为"津门故里匠心不渝非遗特色之旅""运河古郡文武沧州多彩非遗之旅""呼伦贝尔极致草原多彩非遗之旅""白山松水'非'凡旅程体验游""龙江湿地鹤乡多彩非遗之旅""水韵姑苏　苏作匠心非遗之旅""杭城千年古都文脉非遗奇妙游""美在徽州非遗体验之旅""惠女秀风采　匠心承非遗体验游""'匠心寻彩　根在河洛'非遗研学体验之旅""魅力湘西沉浸式非遗体验游""河池铜鼓文化非遗体验之旅""行吟荣昌千年棠城非遗体验游""大九寨环线非遗特色之旅""'贵州瀑乡　奇遇屯堡'非遗体验之旅""大理苍洱毓秀非遗之美体验游""革命圣地延安非遗之旅""青海黄南热贡非遗特色之旅""'大漠流金　长河古韵'中卫非遗特色之旅""伊犁河流域多民族非遗主题之旅"等 20 条全国非遗特色旅游线路代表颁发证书。

案例二十一

第二届非遗数字论坛
纵论数字化赋能非遗传承

2023 年 7 月 29 日，由中国非物质文化遗产保护协会主办，中共扎鲁特旗委员会、内蒙古通辽扎鲁特旗人民政府、中国数字文化集团和中国非遗保护协会非遗数字专业委员会联合承办的第二届非遗数字论坛在通辽市扎鲁特旗举行。

论坛主题为"数字化赋能非遗传承'新活态'"，旨在通过数字技术推动非物质文化遗产的活态传承、社会传播和全民共享，加强全社会对非遗的尊重意识、保护意识和传承意识。

会议上，多位嘉宾就"数字非遗对人文经济赋值""非遗数字化助力乡村发展"等话题进行演讲，探讨新时代非遗的数字化保护和传承路径，助力推动非遗的创新性发展。论坛同期开展的扎鲁特旗非遗馆，展出乌力格尔、科尔沁服饰、扎鲁特版画、中医药（蒙药）、科尔沁皮雕画、蒙古族传统乐器等具有扎鲁特特色的非遗技艺。展馆通过历史、民俗、工艺、文创、生活方式等不同视角，集中展现了当地丰硕的非遗保护成果。

作为中国非遗保护协会非遗数字专委会的年度活动，非遗数字论坛致力于推动中国非物质文化遗产数字化保护工作，为中国非遗的活态传承与创新发展提供宝贵经验和启示。用非遗讲好中国故事，任重道远；用数字化非遗传播好中国声音，行则将至。激活潜在内生动力，坚持活态传承、守正创新，让非物质文化遗产留住"根"、守住"魂"、固住"本"，展现出独特魅力、时代气息和创新活力，这正是举办非遗数字论坛的宗旨和意义所在。

第三届中国丹寨非遗周
融合传统与时尚之美

2023 年 7 月 21 ～ 26 日，由文化和旅游部非物质文化遗产司、资源开发司指导，中国非物质文化遗产保护协会、贵州省文化和旅游厅、黔东南苗族侗族自治州人民政府主办的第三届中国丹寨非遗周在贵州省黔东南苗族侗族自治州丹寨县举行。围绕"非遗·在时尚中闪光"主题，以"举办一届非遗周，开启一个旅游季，聚集一批好项目，掀起一次消费潮"为目标，本届中国丹寨非遗周活动包括开幕式、非遗论坛、非遗大集三大板块。

开幕式现场举行了黔东南苗族侗族自治州文化旅游产业招商项目签约仪式，共签约文化旅游招商项目 16 个，协议总投资 25.975 亿元，切实推动文化和旅游高质量发展，促进非遗更好地保护传承、推进非遗与旅游深度融合发展。

非遗论坛包括非遗与旅游融合发展论坛、青年非遗传承人论坛。非遗与旅游融合发展论坛上，众多专家学者围绕非遗与旅游的融合发展发表演讲，共同探讨中国非遗与旅游深度融合发展的前沿问题，为非遗和旅游融合发展提供了很多可借鉴的思路。青年非遗传承人论坛分为两个环节，专家学者在第一个环节分别以"手工艺的未来走向""品位与时尚：非遗圈粉的两条路径""青年参与非遗保护的意识与行动：挖掘潜力与促进策略"为主题作了主旨发言；在第二个环节则围绕"传承人的使命担当""非遗的当代价值""非遗与乡村振兴"主题进行了讨论。

非遗大集活动以"浮翠流丹"为主题，依托丹寨万达小镇布局"一街一展六馆四接点"，开展了非遗中医义诊、非遗传统工艺展、非遗美食汇、非遗研学大课堂、民歌大擂台、非遗绝技秀、非遗时装秀、非遗盛装巡演、铜鼓之夜 9 项子活动。其中，"一街"指在 1.5 公里主街上设立非遗传统工艺、非遗美食、非遗绝技、中医药等项目摊位，与街区现有项目融为一体，充分展示非遗融入现代生活的魅力。"一展"指在万达小镇体育乐园设立非遗与时尚精品展，展示非遗与时尚的创新成果。"六馆"指利用主街室内空间设立造纸、蜡染、苗绣、银器、制茶、鸟笼六个非遗研学体验馆，构建非遗研学沉浸式体验场景。"四接点"指分别在"尤公广场"以芦笙、锦鸡舞、鼓乐等营造迎宾气氛，组织"贵州原生民歌大擂台"；在"苗年广场"展演铜鼓、苗歌、苗舞等，组织民族歌舞大联欢；在"鼓楼广场"组织非遗时装秀和非遗服饰展销活动；在"锦鸡广场"组织非遗传统工艺展。

作为亮点活动，非遗大集中的非遗盛装巡演以丹寨县行政中心为巡游起点，以"万达小镇"为终点，汇集了45支队伍，共计5000余人上演大型民族服饰服装秀。黔东南苗族侗族自治州凯里市、麻江县、黄平县等16个市县的民族同胞身披华美的盛装，携带着独具风韵的非遗展品，用朴实而热情的笑容感染着前来参观的游客，场面热闹非凡。他们展示着民族特色文化的瑰宝，彰显着中华民族的多元和包容。

中国丹寨非遗周的前三天迎来了惊人的游客潮，总接待量高达25.23万人次，为丹寨县注入了2.80亿元的旅游综合收入。这一成绩让人瞩目，彰显了丹寨非遗周的巨大影响力和吸引力。游客蜂拥而至，为丹寨的魅力所倾倒，创造着繁荣的经济效益。丹寨县以其独特的魅力和非凡的非遗文化给游客带来了难忘的旅游体验，也进一步提升了该地区的知名度和美誉度。

第三届中国丹寨非遗周的成功举行，融合了中国传统文化之魂与现代时尚之美，打造了一场盛大的非遗时尚盛宴，让非遗以全新时尚的方式活力呈现。最重要的是，这场活动让非遗技艺被看到、被了解、被喜爱、被传播，更好地实现了"非遗＋时尚"深度融合。多元化的非遗互动体验活动，让群众深入了解非遗、直面传统技艺，提升非遗保护的意识，传承城市历史文脉。

非遗与旅游融合发展工作现场交流活动
推动提高融合发展水平

2023 年 4 月 10 ~ 12 日，文化和旅游部非物质文化遗产司举办的非物质文化遗产与旅游融合发展工作现场交流活动在扬州举行。活动旨在总结交流实践经验，凝聚融合发展共识，进一步推动非遗与旅游在更广范围、更深层次、更高水平实现融合发展。

江苏、重庆、云南等省市文化和旅游厅（局）有关负责同志，相关景区及专家代表在活动上交流发言。文化和旅游部有关司局和直属单位，各省（区、市）文化和旅游厅（局）、新疆生产建设兵团文化体育广电和旅游局，相关景区代表等参加活动。

活动期间，与会代表考察了无限定空间非遗进景区省级示范项目——扬州市瘦西湖风景区、东关街传统街区非遗与旅游融合发展有关情况。扬州蜀冈—瘦西湖风景名胜区管委会负责人向与会代表分享了景区深挖遗产记忆、赓续文化根脉，不断谱写非遗活态传承"景区篇章"的成功经验。作为江苏省首批"无限定空间非遗进景区"示范项目，瘦西湖景区做精"非遗＋旅游"文章，将非遗资源植入文旅场景，建成扬派盆景博物馆、运河非遗文化街区等非遗展示（体验）馆，进驻非遗项目达 50 多个，邀请非遗代表性传承人常态化开展非遗展演。深入挖掘非遗文化内涵，举办"二分明月忆扬州"沉浸式夜游，深受游客特别是年轻群体的欢迎。

黄河流域非物质文化遗产论坛
探索黄河非遗传承发展

2023年9月13日，由文化和旅游部非物质文化遗产司指导，黄河流域非物质文化遗产保护传承弘扬协同机制秘书处支持，甘肃省文化和旅游厅主办的"黄河之滨也很美——黄河流域非物质文化遗产论坛"在兰州举行。

论坛以"保护黄河文化　传承非遗精神"为主题，旨在提高公众对黄河流域丰富非物质文化遗产的认识和保护意识，让更多人领略黄河文化的独特魅力，共同投身于非遗保护事业。

来自四川省、甘肃省、宁夏回族自治区、内蒙古自治区、陕西省、山西省、河南省、山东省的八名学者紧紧围绕论坛主题和议题进行了主旨演讲。与会专家从各自的研究角度，深入挖掘黄河流域非物质文化遗产蕴含的中华文化特质和精神内涵，全面阐释黄河流域非物质文化遗产对构建人类文明新形态做出的巨大贡献，对持续促进黄河流域非物质文化遗产保护传承，推动中华优秀传统文化创造性转化、创新性发展积极建言献策，提出了真知灼见，为黄河流域非物质文化遗产系统性保护提供了理论指导和经验借鉴。

作为"黄河之滨也很美——黄河流域非物质文化遗产论坛"重点活动内容，"黄河流域九省（区）非遗大集"正式开启。活动通过图文和活态展示、互动体验、线下销售、线上非遗传承人直播带货相结合的方式，集中展销黄河流域九省（区）36家非遗工坊400多件非遗产品，展现在黄河流域九省（区）被广泛认可并具有传承创新活力的非遗项目，充分呈现黄河流域非遗系统性保护成果以及非遗助力乡村振兴成效。现场特别邀请了36名非遗传承人进行了活态展示，生动、全面呈现了黄河流域九省（区）近年来在非遗系统性保护工作中取得的成果，吸引了众多市民参观采购。

2023 中国客家非遗大会
推动赣闽粤三地客家文化交流合作

2023 年 12 月 3 日至 5 日，由文化和旅游部非物质文化遗产司指导，中国非物质文化遗产保护协会、江西省文化和旅游厅、赣州市人民政府主办，赣州市文化广电新闻出版旅游局承办的 2023 中国客家非遗大会在赣州市举办。

大会以"加强客家非遗保护，传承优秀传统文化"为主题，组织江西省赣州市、广东省梅州市、福建省龙岩市、三明市现场签订《客家文化生态保护行动合作协议》，发布三省四地非遗主题旅游线路，开展客家非遗传承发展圆桌对话，举办"非遗大集"互动展示及艺术展演，邀请大家现场秀技艺，尝美食，看表演，共襄盛举，擘画未来。

开幕式上，江西赣州、广东梅州、福建龙岩、福建三明四地签订《客家文化生态保护行动合作协议》，并发布非遗主题旅游线路，集中展示了客家文化（赣南）生态保护区、客家文化（梅州）生态保护区和客家文化（闽西）生态保护实验区等三个国家级文化生态保护区的客家非遗保护成果，共同推动赣闽粤三省客家文化交流合作。

就如何传承、保护、利用客家非遗，大会还进行了客家非遗传承发展圆桌对话。专家学者们围绕"客家非遗保护的回望和思考""客家非遗与旅游深度融合发展路径探讨""客家非遗在新媒体时代中的机遇和挑战"等主题展开交流研讨，形成"以生产促进保护、以传承提升效益；以旅游拓展市场、以文化擦亮品牌；以人才引领传承，以保障推动发展"的客家非遗传承发展工作思路。

会议期间，与会人现场观看了大型音舞史诗水舞秀《千年客家》、客家非遗大集、"承古拓今生生不息"客家传统表演艺术类非遗优秀节目展演和赣州市厚德路小学"非遗进校园"成果展示。

2023 中国客家非遗大会的举办，是建立赣闽粤地区客家文化经验交流工作机制的有益探索，也是提升赣闽粤地区客家文化生态保护（实验）区整体建设水平的重要举措。

案例二十六

"花儿"演唱会搭建西北五省（区）联动、共建共享平台

2023 年 7 月 19 日至 8 月 5 日，由文化和旅游部公共服务司、非物质文化遗产司、全国公共文化发展中心共同指导，青海、陕西、甘肃、宁夏、新疆五省（区）文化和旅游厅联合主办，五省（区）文化馆、贵德县人民政府等承办的青海湖音乐节·第二十届西北五省（区）"花儿"演唱会在海南州贵德县水车广场盛大开幕。

作为"青海湖"音乐节的系列活动之一，"花儿"演唱会以"奋进新征程 唱响大西北"为主题，主会场设在海南州贵德县，在门源、互助、大通等 7 个县区设分会场。活动共包括"花儿"歌手大赛、主会场开幕式"花儿"演唱会、7 个分会场活动、非遗进景区和发行第二十届西北五省（区）"花儿"演唱会专题文旅消费券 5 项主题活动。

主会场开幕式"花儿"演唱会以"江源儿女 同心筑梦""花海扬波 乘风破浪""声动丝路 奔赴未来"三个篇章诠释西北花儿的独特魅力，西北五省（区）的著名花儿歌手、民歌歌手和青海省知名歌唱家齐聚大美青海，一展歌喉。央广网、人民网、新华社、国家公共文化云、青海公共文化云、青海文旅微信公众号、掌上西宁等网络直播平台进行了直播，点击量达 393.5 万人次。

活动还在大通、互助、同仁等 7 个分会场举办惠民演出活动，丰富分会场景区文化、促进文旅融合，并为景区发放百万元主题消费券，激发消费潜力、助力产业发展。此外，活动以省级花儿会项目为重点，开展非遗进景区活动，以"花儿"为媒，进一步丰富和活跃基层群众精神文化生活。

"花儿"演唱会已经成为弘扬传统文化、推动文旅融合、惠及广大群众的纽带和平台，为持续推进区域合作，推动公共文化服务高质量发展贡献力量。

东亚文化之都特色非遗展示活动
打造非遗交流互鉴的桥梁

2023 年 9 月 12 ～ 19 日，由文化和旅游部国际交流与合作局（港澳台办公室）、非物质文化遗产司主办，黑龙江省文化和旅游厅、哈尔滨市文化广电和旅游局、道里区人民政府承办的"齐聚文都　多彩非遗"东亚文化之都城市特色非遗展示活动在哈尔滨市举办。

作为第 36 届中国·哈尔滨之夏音乐会七大板块之一，本次"东亚文化之都"城市特色非遗展示活动秉承"东亚意识、文化交融、彼此欣赏"理念，旨在为各"东亚文化之都"友好城市展示非遗保护和传承的丰硕成果搭建平台，彰显传统文化魅力，激发城市发展活力，进一步促进"东亚文化之都"城市间的文化交流与融合，提升"东亚文化之都"品牌影响力和知名度。

活动启动仪式结合文都特色，延续龙江韵味，为各东亚文都城市嘉宾及广大市民呈现了独具民族特色的非遗展演节目。市民通过沉浸式体验赫哲族表演《伊玛堪》、蒙古族优秀传统文化代表马头琴、黑龙江省级非遗节目《国粹经典》脸谱化装技艺及京剧等表演，感受非遗文化魅力，在参观非遗展示活动的百艺百器·传统手工艺品展区及美食美客·民间特色美食街区的过程中，与来自各东亚文都城市的非遗项目传承人互动交流。

来自泉州、青岛、长沙、绍兴、温州、济南等 15 个"东亚文化之都"城市的非遗传承人齐聚哈尔滨，对近百项非遗精粹进行集中展示。哈尔滨市群众艺术馆（非物质文化遗产保护中心）精心组织了哈尔滨国家级、省级和市级 60 余项非遗项目参加本次活动，进一步搭建文都城市非遗交流、互学互鉴的桥梁，在彰显优秀传统文化魅力的同时，激发文都城市的发展活力，推动优秀传统文化与旅游产业深度融合，不断提升城市美誉度和影响力。

2023粤港澳大湾区非遗交流大会
打造交流合作新高地

2023年10月28日，由文化和旅游部非物质文化遗产司指导，广东省文化和旅游厅、珠海市人民政府、香港特别行政区政府文化体育及旅游局、澳门特别行政区政府文化局主办，珠海市文化广电旅游体育局、香港康乐及文化事务署、珠海市斗门区人民政府、广东省非物质文化遗产保护中心承办的"2023年粤港澳大湾区非物质文化遗产交流大会"在珠海市斗门区上洲村成功举办。

大会以"打造交流合作新高地，构建湾区非遗共同体"为主题，由稻田非遗秀、非遗巡游、非遗集市、非遗体验、非遗展映、非遗交流分享会等多项特色鲜明的活动组成，集中展示了多项国家级、省级代表性非遗项目，共同展现了粤港澳三地优秀传统文化魅力。

启动仪式暨稻田非遗秀舞台搬进美丽的稻田之间，十余支特色鲜明的非遗表演队伍精彩亮相，向现场观众充分展现了粤港澳大湾区非遗保护传承的丰硕成果。非遗分享交流会搭建共话粤港澳非遗保护传承发展、共享非遗保护成果的平台。来自全国各地的知名学者围绕保护传承发展湾区非遗项目、非遗新生代传承与创新等主题发表主旨演讲，从理论到实践，多维度阐述关于粤港澳非物质文化遗产传承保护与融合的思考，探讨非物质文化遗产高质量发展路径。

此外，还通过在上洲村主路段、村祠堂等场地开展非遗巡游、非遗集市、非遗展映等系列配套活动。以村落为时空单元，依托自然风光特色，嵌入粤港澳非遗元素的各类艺术装置，运用艺术性和富有创意的方式营造特色环境，全方位展示粤港澳三地非遗之美，让群众近距离、沉浸式感受非遗的魅力。

2023年第三届"长城脚下话非遗"活动赓续长城文脉

2023年9月21～23日，在文化和旅游部非物质文化遗产司的指导下，河北省文化和旅游厅、秦皇岛市政府在山海关区举办2023年第三届"长城脚下话非遗"活动。活动以"多彩非遗 壮美长城"为主题，遴选长城沿线15个省（区、市）国家级、省级、市级非遗代表性项目共150项，300多名非遗传承人在秦皇岛山海关古城四条大街进行现场展演展销。活动包括长城脚下见匠心、品美食、亮手艺、全国长城沿线非遗保护弘扬对话交流活动等多个板块。

活动汇聚150余个传统美术、传统技艺、传统戏剧曲艺、传统医药、传统舞蹈等类非遗项目，包括展览、销售、展演、展示等多种形式。山海关古城特有的非遗项目传承人，身穿应景服装，以说书、挑担吆喝、快板等表演形式在街区的茶馆、戏园、街头等处进行表演，让游客全程共享非遗，让非遗绽放迷人光彩。长城沿线各省（区、市）特色传统面食制作技艺项目在活动中集中展示，亮手艺，秀绝活，开启一场面食与传统文化的融合"盛宴"。在古城四条大街，各种精美的非遗工艺品，以及舞龙、舞狮、昌黎地秧歌、抚宁吹歌、跑驴、迎亲花轿、高跷等独具特色、热闹非凡的非遗节目，让游客大饱眼福。长城沿线15个省（区、市）代表、专家学者共同就长城沿线非遗保护传承工作开展情况、长城沿线非遗保护传承弘扬协同机制等内容作了交流发言和经验分享。

"长城脚下话非遗活动"依托非遗和长城两大核心资源，坚持"以文塑旅、以旅彰文"的发展理念，推进非遗与旅游深度融合，探寻文旅融合新路径，对进一步加强长城沿线的非遗资源保护和传承、发展、利用，弘扬中华优秀传统文化资源，推进非遗与旅游深度融合发展起到了积极的促进作用。

案例三十

2023 年第二届苏陕非遗消费年
探索苏陕协作新渠道

2023 年 8 月 17 日，陕西省文化和旅游厅、江苏省文化和旅游厅共同主办 2023 年第二届苏陕非遗消费年暨苏陕非遗文创产品联展联销活动。活动以"南来北往 赓续传承"为主题，以线上线下相结合的方式进行。

线下活动在西安国际会展中心 6 号馆设置面积达 350 平方米的专题展区，设有特色专题展区和舞台展区，以动静结合的方式展出苏、陕两地代表性非遗项目 47 个。在特色专题展区，江苏省参展的有苏绣、南通蓝印花布印染技艺、常州梨膏糖制作技艺、镇江恒顺香醋酿造技艺、南京板鸭盐水鸭制作技艺等 16 种非遗制作技艺；陕西参展的有华县皮影戏、凤翔木版年画、旬邑彩贴剪纸、富平流曲琼锅糖制作技艺、甘泉豆腐与豆腐干制作技艺、谢村黄酒酿造技艺等 25 种非遗技艺。舞台上滚动式表演苏州评弹、昆曲、陕西快板、秦腔、眉户曲子、古琴艺术 6 个非遗表演项目。本届活动较首届增加了非遗演出、非遗盲盒、线上展示展销、线上直播等环节，创新性地以"对话形式"，让游客零距离感受到了苏、陕两省非遗的独特魅力，整个展区呈现出好看、好玩、好卖的特点。

在线下展览活动开幕的同时，线上依托支付宝搭建的"苏陕文旅合作暨第二届苏陕非遗文创产品联展联销活动"同步开展，通过线上推广方式展示销售非遗商品和文创产品，并在网络云端长期展示，成为永久性展示展销苏陕非遗商品和文创产品的平台。为扩大苏陕非遗项目的影响力，喜马拉雅·陕西文旅之声平台也专门开通"2023 第二届苏陕非遗消费年"专辑，以"陕西篇""苏州篇"系列讲述苏陕非遗故事，持续推动江苏、陕西非遗文化传播。

苏陕非遗产品的联展联销活动充分发挥非遗助力乡村振兴的重要作用，让两省非遗文化走进百姓的日常生活，带动文旅消费，持续深化苏陕之间的文化交流与协作，在推进高质量发展中实现携手并进、互利共赢。

责任编辑：陈　冰
责任印制：冯冬青
封面设计：谭雄军

图书在版编目（CIP）数据

中国非物质文化遗产传播蓝皮书.2024 / 中国非物
质文化遗产保护协会编著 . -- 北京：中国旅游出版社，
2024. 7. -- ISBN 978-7-5032-7351-3

Ⅰ. G122

中国国家版本馆 CIP 数据核字第 2024LE7063 号

书　　名：中国非物质文化遗产传播蓝皮书 . 2024

作　　者：中国非物质文化遗产保护协会　编著
出版发行：中国旅游出版社
　　　　　（北京静安东里 6 号　邮编：100028）
　　　　　https://www.cttp.net.cn　E-mail: cttp@mct.gov.cn
　　　　　营销中心电话：010-57377103，010-57377106
　　　　　读者服务部电话：010-57377107
排　　版：北京中文天地文化艺术有限公司
印　　刷：北京金吉士印刷有限责任公司
版　　次：2024 年 7 月第 1 版　2024 年 7 月第 1 次印刷
开　　本：787 毫米 ×1092 毫米　1/16
印　　张：8.5
字　　数：153 千
定　　价：68.00 元
Ｉ Ｓ Ｂ Ｎ　978-7-5032-7351-3